어렸을 때 연말이 되면 엄마는 나를 데리고 목욕탕에 가셨다. 묵은 때를 벗기고 깨끗한 몸과 마음으로 새해를 맞이하자는 의미였을 것이다. 어린 나는 목욕탕에 가는 게 귀찮기도 하고 부끄럽기도 해서 가기 싫을 때도 많았는데 그래도 막상 다녀오면 새 것이 된 것 같은 느낌이 좋았다.

오랜만에 목욕탕에 갔다. 나는 여전히 뭔가 부끄러워 쭈뼛거리고 있는데, 옆에서 훌러덩훌러덩 옷을 벗어젖히고 탕에 들어갈 준비를 마친 문신 가득한 여인이 보인다. 본인을 '여자목사'라고 소개하길래 나는 '여자간사'라고 소개를 한다. 뽀얀 김 사이로 왠지 모를 동질감이 모락모락 피어오른다.

"우리가 믿는 하나님이 온 세상의 전체집합(U)이시라면, 우리는 세상의 주류라고 불리는 어떤 집합들(A 혹은 B) 혹은 그 둘의 교집합(A∩B) 혹은 합집합(A∪B) 안에도 들어가지 못하겠지만, 거대한 전체집합(U)의 사랑받는 여집합((A∪B)^C)"이라며 온 여탕이 쩌렁쩌렁 울리도록 소리 내어 함께 웃는다.

서로의 등을 밀어 준다. 낯설었던 문신도, 걸쭉한 욕지거리도, 남다르게 살아온 이력도 크신 주님의 동일한 부르심 앞에 아무 문제가 되지 않는다. 서로의 차이점보다 공통점이, 본받고 싶은 것들이, 그동안 깨닫지 못했던 깊은 은혜가 점점 더 풍성해진다. 쾌활하게 이야기하는 '여자목사' 앞에서 어느덧 '여자간사'는 울고 있다. 예수님이 너무 좋아서, 그 은혜가 너무 커서.

어느 날 문득, 우울이나 폭식이나 자아도취나 절망이나 낙심이나 원망이나 소외감이 밀려올 때에 나는 '여자목사'에게 배운 대로 그런 목소리들에게 "꺼지라"고 외칠 것이다. 또한 "나는 하나님의 것이다"라고 말할 것이다. 마음의 굳은살이 박이고 살갗이 딱딱해질 때 이 목욕탕 같은 책을 다시 꺼내 읽을 것이다. 그러면 우리 주님은 내게 다시 새로운 마음과 새로운 영을 부어 주실 것이다.

"이미 목욕한 사람은 온몸이 깨끗하니, 발밖에는 더 씻을 필요가 없다. 너희는 깨끗하다." 목욕탕 문을 나선다. 둘 다 바나나 우유 하나씩을 입에 물고 있다. 뺨에 닿는 바람이 시원하다.

—정희원, 간사·죠이선교회 부대표

사랑하는 친구의 임종에 주저앉아 통곡하고 싶은 슬픔을 억누르고 목사라는 이유로 의연하게 장례를 집례해야 했다. 작별의 예전을 오랜 친구에게 맡기고 싶었으리라고 차분히 성찰해 내기까지는 꽤 오랜 시간이 필요했다. 목사라는 가운 안에 솟구치는 감정을 내려놓고 두 팔을 펼쳐야 하는 책임의 무게를 미리 알았더라면 과연 나는 이 길을 택했을까. 지난 십수 년의 목회는 '사랑의학교'였고, 나는 낙제생 같았다. 사랑이라 포장했지만 책임과 의무만 남고, 한 영혼을 환대와 우정으로 대하지 못한 자책은 상흔을 남겼다. 분절된 프랑켄슈타인처럼 자기를 방어하려다 관계의 리듬을 놓치곤 했다. 낮아지려던 지향은 타자를 향하는 것이 아니라 내 안의 취약함을 직시하고 꺼내놓으면 된다는 것을 뒤늦게 배웠다. 감추고 싶던 무지와 무능, 비겁함을 정직하게 인정하고 고백할 용기가 없었던 것이다. 굳이 여자라서 더 힘을 쳤다고 말하고 싶지 않은 걸 보니 실은 그랬던 게다. 나디아 볼즈웨버 목사는 그런 나를 KO시킨 사람이다.

삶이 빚어낸 진한 그림자들을 어질어질할 만큼 솔직하게 까발리는 나디아 볼즈웨버는 그 명암 덕분에 입체감이 도드라진다. 그녀의 삶이 그려 주는 능선은 충격적일 만큼 낯설게도 하고, 숭고하여 숨 죽이게도 하고, 고통스러워 책을 잠시 덮게도 한다. 눈도 키도 다 크지만 고개를 숙이지 않는 단단한 자세로 환대 받을 곳 없는 친구들의 목사가 되고 싶었던 갈망의 메아리에 나는 중심으로부터 깊은 부끄러움과 고마움을 동시에 느꼈다. 이유를 헤아려 보니 세미한 물노래가 들려온다. 광야의 목마른 양들에게 '세미한 소리'는 샘이 가까이에 있다는 뜻이다. 샘은 곧 생명이다. 나디아 볼즈웨버의 책에 모든 페이지마다 하나님의 은혜가 샘처럼 흐르고 있다는 사실을 문득 알아차린다. 그녀를 그녀답게 하는 것은 특유의 솔직함도 취약함도 아니라 오직 은혜, 은혜였다. 오래전 필립 얀시의 『놀라운 하나님의 은혜』를 읽고 잠잠히 숨을 고르던 기억이 떠올랐다. 허무와 혼돈에 지지 않고 어두울수록 더욱 빛나는 별처럼, 연약할수록 더욱 사랑하시는 은혜의 실재를 보고 만지게 하는 책이다.

　　나디아 볼즈웨버를 언젠가 만나게 된다면 까치발을 하고서라도 꼭 안아 줄 테다. 구부려야 해서 좋아하지 않으면 하이파이브라도 하자고 해야겠다. 그 누구도 이해할 수 없으리라 여겨, 어디에도 토해 놓지 못했던 '여자목사'의 심정과 사정을 이토록 솔직하고 탁월하게 풀어 녹여 씻어 준 고마움을 가득 담아서. 한강 작가가 세계는 왜 이토록 폭력적이고 아름다운지를 문학을 통해 질문했다면, 목사는 그 세계를 두 팔로 와락 끌어안아야 한다. 애써 짧은 팔을 펼치지만 현실은 주로 실패하고 추락한다. 그때마다 붙드시는 과격한 은혜, 은혜 위에 은혜를 발견하기 원한다면 이 책을 추천한다. 이 책은 위험하다. 책을 펼치기 이전의 삶으로 회귀할 수 없을 것이다.

―진희경, 어린양교회 목사

글을 읽으며 문득문득 슬퍼지는 순간이 있었습니다. 하지만 그 슬픔은 글의 패배가 아니라 글의 승리였습니다. 저자의 영혼이 가슴에 스며들어, 말의 표면이 아닌 본래의 의미가 꽂히는 순간―우리는 잠시 서로의 일부가 되었으니까요.

　　어떤 이들은 나디아 볼즈웨버를 포스터 한 장에 담으려 하겠지요. 문신, 욕설, 알코올 회복자, 소수자를 환대하는 교회……. 그런 단어들로만 그녀를 소개한다면, 그건 이 책의 표지만 쓰다듬고 본문은 펼치지 않은 셈입니다. 여자 목사들을 둘러싼 어떤 이미지들은 내면의 깊은 고통과 흔들리는 인간다움을 가리기 쉽습니다. 하지만 나디아가 그러하듯, 그녀들 역시 겉모습과 상관없이 사랑받고 싶어서가 아니라, 사랑하고 싶어 몸부림치는 영혼의 언어로 가득합니다. 후회, 자책, 분노로 흔들리는 자기다움 그 자체로 소통하며 고통에도 불구하고 사랑하려 하는 그들의 존재를 이 책은 증언합니다.

　　책을 읽으며 저는 끝이 난 우정, 제때 붙들지 못한 순간들, 힘겹

게 버티다 결국 놓아버린 이름들을 떠올렸습니다. 그 후회를 죄책감의 증거로 여길 수도 있겠지요. 하지만 나디아는 말합니다. 후회는 죄책감의 증거가 아니라 우리가 치열하게 사랑했다는 증거라고. 이런 이유로 저는 이 책이, 이런 고백이, 이런 '여자목사'의 이야기가 절실하게 필요하다고 느낍니다. 우리는 흔들리는 인간의 목소리로 전해지는 은혜를 갈구하기 때문입니다.

"너희 교회는 왜 숫자가 늘지 않느냐"고 낙심이 매주 빈 의자에 앉아 저를 노려볼 때, 두 명이 오면 세 명이 떠나는 아득함과 허망함의 반복에 숨이 가쁠 때, 저는 나디아가 말한 '신성한 패배'를 떠올릴 것입니다. 패배의 자리에서만 피어오르는 은혜의 작은 우주가 있다는 것을요. 위로가 됐습니다. 나디아, 당신의 솔직함이, 당신의 괴로움이.

—**김효경, 산돌교회 목사·레미제라블 대표**

1955년 첫 여성 목사 안수가 있었다고 들었다. 2025년 한 교단에서 여성에게 목사 안수를 줄 수 없다고 말한 것을 들었다. 넓은 아량으로 전도사까지는 허락해 준다는 말이 뒤에 붙어 있었다. 참 오랫동안 멈춰 있었구나 싶었고 참 촌스럽다는 댓글을 보았다. 추천사의 내용을 고민하다가 포털 사이트에 '여성 목사'를 검색해 보았다. 질문한 이는 자신이 어렸을 때는 여자 목사가 없었는데 왜 지금은 여자 목사가 있냐고, 남자만으로는 목사 자리를 채울 수 없냐는 의문을 당당하게 제기했다. 그러게 말이다. 왜 아이가 어른이 될 때까지 그 긴 시간 동안 여성 목사에 대한 인식은 겨우 그 정도에서 멈춘 건지, 그는 왜 그 오랜 시간 동안 여성 목사에 대한 인식을 성장시키지 못했는지, 못내 궁금했다.

개신교인이자 여자 작가인 나는 『여자목사』의 추천사를 의뢰받고 말했다. 이 책의 추천사를 쓰면 교회에는 강의를 가지 못할 수도 있겠는데요. 전화기 너머의 웃음소리를 들으며 "그래도 해야죠"라고 말했다. 나디아 볼즈웨버는 기독교 가정에서 자라 신앙을 잃고 스탠드업 코미디언으로 살면서 각종 중독에 빠졌다가 목사가 되었다. 양팔에는 기다란 문신이 선명하고, 옷차림도 목사'답지' 않다. 그는 말한다. 음지와 하나님을 동시에 보는 사람은 자신만은 아니라고, 하나님은 멀리 계시지 않고 바로 망가진 우리 삶 속에 계시다고, 이것이 복음이라고, 동의한다. 그것은 내가 만난 복음이었고, 나를 어쩌다 기독교인으로 살게 했으며, 어쩌다 연대하는 삶으로 이끌었다. 오랜 시간 동안 걸음을 내딛을 생각조차 하지 않고 멈춰 있는 이들에게 이 책이 효력을 발휘할 수 있을지는 자신이 없다. 촌스럽다는 댓글을 사탄의 흔적쯤으로 생각할 이들에게 이 책 또한 지탄 받을 것이라는 자신은 있다. 그래서 이 책을 추천한다.

남자인 목사가 '남자 목사'가 아니듯, 이제 '여류 작가'라는 말을 쓰지 않듯 나디아 볼즈웨버는 '목사'다. 얼마 전에 나를 만나러 오기로 한 청소년이 물었다. "저, 팔에 문신이 있는데 괜찮아요?" 마음이 따가웠다. 그깟 문신으로 이 생명은 얼마나 많은 판단과 규정을 받았기에 이런 질문을 하는 걸까. 나는 그 청소년에게 나디아의 이야기를 들려주고 싶다. 너에게 문신이 있지만 문신은 네가 아니라고. 문신이 너를 판단하는 기준이 될 수는 없다고. 그리고 여기, 양 팔에 문신이 가득한 목사가 있다고. 그가 말하는 하나님의 사랑은 조건이 없다고. 아니, 하나님은 원래 그런 분이라고.

—오선화, 작가·청소년 활동가

『어쩌다 거룩하게』로 잘 알려진 '여자목사' 나디아 볼즈웨버의 회고록인 이 책은 처음부터 우리를 강렬하게 사로잡는다. 이전에 들어 본 적 없는 새로운 복음을 설파하거나 극적이고 완벽한 회심 이야기를 담고 있어서가 아니다. 이 책에 담긴 '복음'은 자신의 힘으로는 절대 수렁에서 빠져나올 수 없는 죄인이 전능하시고 사랑이 많으신 하나님의 은혜로 구원받는다는, 많은 그리스도인들에게 익숙하다 못해 식상하게 들릴 바로 그 이야기다. 문제는 이 '복음'의 이야기를 지저분한 과거를 지닌 '여자목사'의 여전히 부족해 보이는 모습과, 복음에 응답하고도 계속 미혼모, 노숙자, 알코올 중독자, 성 노동자, 성소수자의 외투를 걸치고 있는 일군의 '죄인들'이 차지하고 있다는 사실이다!

그러나 이 책을 찬찬히 읽어 가다 보면 평범한 그리스도인들의 심기를 거스르는 이 거칠고 당혹스러운 이야기야말로, 우리에게 익숙한 점잖고 깔끔한 중산층의 복음보다 신약성서에 기록된 바로 그 '복음'의 이야기와 훨씬 더 닮아 있다는 사실을 깨닫게 된다. 사실 우리의 주요 구주이신 예수 그리스도는 미혼모의 아들로 태어났고 죄인들과 한 상에서 먹었으며 먹보요 술꾼이자 세리와 죄인의 친구로 불리지 않았던가? 복음에 최초로 반응한 이방인 회심자는 외국인이자 유색인이자 젠더 바이너리에 어긋나는 성소수자였던 에티오피아 내시가 아니었던가?

혹시 스스로를 거룩한 사람들의 모임으로 여기는 '우리'가 자신들의 의를 기뻐하고 스스로의 종교적 실천에 심취한 채 점점 바리새인이 되어 가는 동안, 누구든 차별하지 않고 그대로 받으시는 예수님의 사랑과 환대를 피 흘리기까지 실천해 온 '여자목사'와 그가 이끌었던 '모든 죄인과 성인의 집' 성도들이야말로 참된 거룩을 향한 제자의 오솔길을 걸어 온 것은 아닐까? 만약 누군가가 이 책을 읽은 후에도 여전히 '정통 신앙'과 '바른 삶'으로 무장한 자신들이야말로 타인의 천국과 지옥행을 판단할 수 있는 심판관의 지위를 부여받았고 우리와 다른 저 '죄인들'은 지옥의 불쏘시개가 되는 것이 마땅하다고 믿는다면, 나는 참 슬플 것 같다.

—정한욱, 안과 전문의·『믿음을 묻는 딸에게, 아빠가』 저자

나디아 볼즈웨버의 글은 향기롭지 않다. 그녀가 내미는 세계는 향수나 꽃잎 대신, 오래된 제단의 피와 땀, 살 냄새로 가득하다. 『여자목사』는 '너희 몸을 거룩한 산 제물로 드리라'는 말씀이 얼마나 피비린내 나는 고백인지를 온몸으로 증언하는 책이다. 코미디언, 중독자, 상처 입은 자로서 그녀가 길어 올린 신학은 정제된 교리가 아닌, 삶의 가장 지저분한 현장에서 태어났으며, '뭔가 죽어야만 새로운 것이 살 수 있다'는 부활의 생리학을 통해 상처와 실패의 틈새로 스며드는 은혜의 역설을 설파한다.

그녀가 세운 '모든 죄인과 성인의 집'은 바로 이 신학의 살아 있는 증거다. 그곳은 완벽한 척하는 것에 지친 이들, 세상의 기준과 교회의 문턱에서 소외된 이들을 위한 피난처다. 이 책은 한 여성 목회자의 회고록을 넘어, 아파하는 모든 이들을 향한 초대장이다. 상처와 고통을 통과해 끝끝내 부활의 형태로 찾아오시는 하나님을 경험하도록 초대한다. 나디아 볼즈웨버는 자신의 상처를 감추지 않음으로써, 우리 역시 욥처럼 상처마다 고름이 흘러나오는 모습 그대로 하나님 앞에 설 수 있음을 보여 준다. 그녀의 삶과 글은 피 흘리는 제단이며, 그 피 냄새 속에서 비로소 그리스도의 향기가 된다.

―송민원, 성경과설교연구원 구약학 교수·더바이블프로젝트 대표

"흡인력 있게 귀에 쏙쏙 들어온다. 볼즈웨버는 소외층과 신앙 없는 부류의 고민을 명쾌히 꿰뚫고 있다."―『**북리스트**』✕ "볼즈웨버의 목소리와 관점은 워낙 독특해서 왜 그동안 책을 더 쓰지 않았는지 의아할 정도다. 이 신학적 회고록의 주제인 변화무쌍하고 흥미진진한 삶을 사느라 너무 바빠서 그랬나 보다……. 그녀의 진정성 있는 목소리가 더 많은 책을 통해 계속 전해지기를 바란다."―『**퍼블리셔스 위클리**』✕ "볼즈웨버는 근육질의 새로운 진보 기독교를 대표한다. 삶의 변화를 추구하는 복음주의의 뜨거운 열정에 헌신적 포용과 사회 정의가 한데 얽혀 있다."―『**워싱턴 포스트**』✕ "놀랍게도 나디아 볼즈웨버는 교회와는 사뭇 거리가 먼 삶의 구석구석에까지 용케 자신의 기독교를 들여놓는다."―『**데일리 비스트**』✕ "볼즈웨버는 놀라우리만치 자신의 치부까지 드러내는 내레이터다. 사적인 고백과 아름다운 신앙 진술이 잘 어우러져 있다."―『**크리스천 센추리**』✕ "볼즈웨버의 가장 순수한 설교다. 재미있는 고해를 통해 독자의 회심을 노린다."―『**소저너스**』✕ "그녀는 교회에서 소외된 이들에게 은혜를 설득력 있게 전하는 설교자다."―『**퍼스트 싱스**』✕ "알고 보니 볼즈웨버는 힙한 페미니스트라기보다 예수님을 닮아 가는 삶의 참뜻을 고민하는 아주 부족한 보통 사람이다. 그녀가 쓰는 글의 매력은…… 독자들도 똑같이 고민하게 한다는 데 있다."―『**비치**』✕ "루터교 목사 나디아 볼즈웨버는 술술 읽히는 이 짤막한 회고록을 통해 겸손과 유머만 아니라 예수님을 향한 깊은 사랑을 보여 준다. 복음에 대해 흐리멍덩한 소위 진보 그리스도인들의 인식에 균

열을 일으킬 책이다."—『프리즘』 ✕ "몇 년 동안 여남은 권의 『여자목사』를 선물로 나누었다. 볼즈웨버의 영적 통찰력과 따뜻한 인간미가 좋다."—앤 라모트, 『글쓰기 수업』 저자 ✕ "재미있고도 날것 그대로인 진실이 가득한 이 책은 모든 좋은 의미에서 무례하다……. 내가 왜 그리스도인인지를 일깨워 준 책이다. 다 읽고 나서 고마움의 눈물을 흘렸다."—레이첼 헬드 에반스, 『다시, 성경으로』 저자 ✕ "발랄하고 유쾌하다……. 이 힘찬 책은 나디아가 사도들의 사도로서 발하는 예언자적 목소리다. 막달라 마리아처럼 그녀도 부활의 기쁜 소식을 세상에 전한다."—새라 마일즈, 『이 빵을 받으라』 저자 ✕ "출간된 지 8년째를 맞은 지금도 『여자목사』는 여전히 힘차고 아름답다. 이번 판에 추가된 그녀의 말이 일깨워 주듯이, 자비로운 은혜를 입어 사랑과 용서의 하나님께 나아가야 한다는 부름은 이전 어느 때보다도 더 우리에게 절실하다."—제프 추, 『온 마음 다하여』 저자 ✕ "놀라운 책이다……. 전염성 있고 솔직하고 매혹적이다……. 보기 드문 선물이다……. 두서없이 쏟아 내는 소감인 줄은 알지만 이렇게 감화와 감동과 감격을 주는 책을 읽으면 누구라도 그럴 것이다."—랍 벨, 『사랑이 이긴다』 저자 ✕ "규칙과 고정 관념을 깨뜨리는 이 멋진 책은 성공한 회고록이자 사랑에 대한 설교이며 거부당한 이들을 집으로 맞아들이는 '편지'다. 종교에서 소외되었으나 여전히 삶의 초월적 목적과 의미를 갈구하는 이들에게 나디아는 이 책을 통해 국민목사가 될 것이다."—프랭크 쉐퍼, 『하나님께 미치다』 저자 ✕ "모든 그리스도인과 기독교에 관심 있는 사람에게는 물론이고 기독교나 종교를 배격하는 사람에게도 권하고 싶은 책이다."—고든 게이노, 밴드 Violent Femmes 리드싱어 ✕ "나디아 볼즈웨버 목사가 말하는 인간의 실상을 우리는 부인하고 싶을 때가 너무 많다. 그녀는 하나님이 예수님을 통해 베푸시는 은혜에 무한한 능력이 있다고 선포하는데 우리는 매일 그 속에 잠기기보다 오히려 그것을 희석할 때가 너무 많다. 그러니 위험을 감수하고 읽으라."—마크 핸슨, 미국복음주의루터교(ELCA) 수좌주교 ✕ "이 책은 복되도록 유구하면서도 전혀 새로운 기독교를 위한 『순전한 기독교』다. 책장이 술술 넘어가는데 빨리 끝나서 아쉬웠다."—제이슨 바이어시, 듀크 신학대학원 신학 리더십 연구원

여자목사

PASTRIX

여자목사

나디아 볼즈웨버 지음

윤종석 옮김

NADIA BOLA-WEBER

바람이불어오는곳

나의 부모님

딕과 페기에게

차례

여자목사 pastrix〔pǽstriks〕명사

1. 상상력이 부족한 교회 일각에서 여성 목회자를 모욕적으로 지칭하는 용어.
2. 여성 성직자 슈퍼히어로: 영화 〈매트릭스〉에 등장하는 사제복을 입은 트리니티.
   "저게 도대체 무슨 소리지?"
   "어느 여자목사가 방금 귀신 하나를 제7지옥에 차 넣었어!"
3. 한 죄인이자 성인의 아름다운 괴짜 신앙.

　　　　　　　　　—뉴와인스킨스딕셔너리(NewWineskinsDictionary)

머리말

×

2005년 가을

'제기랄, 신약 수업에 늦겠군.' 그런 생각이 들었다. 덴버의 I-25 고속도로는 차량 흐름이 정지된 상태였다. 짜증 날 정도로 속도가 느려진 게 아니라 아예 멎어 버렸다. 평소 내 생각에 모든 교통 체증이나 정체는 (아무래도 내가 인간을 혐오하는 탓이겠지만) 공사나 사고 때문이 아니라 인간이 미련하기 때문이다. 마치 누군가 운전하는 법을 갑자기 잊어버렸거나 고속도로에 차를 세우고 들꽃이라도 꺾기로 했다는 듯이 말이다.

　도로를 일시에 마비시킨 인간의 바보짓에 대한 막연한 경멸을 떨치고자 나는 무엇이든 현 순간의 아름다움을 찾아 내 그쪽으로 관심을 돌리려 했다. "더 영적으로" 살아 보려는 수많은 시도 중 하나이기도 했다. 콜로라도의 아름다움은 굳이 찾아내려 하기보다 짐짓 무시하기가 더 힘들건만, 나는 이를 망각할 때가 너무 많다. 그날의 하늘은 이루 형언하거나 복제할 수 없는 쪽빛으로 투명했다. 파란색 중에서도 그 색을 재현하려는 인간의 시도는 대부분 의도야 좋지만 흉내에 그친다. 그저 눈에 담을 수 있을 뿐이다. 마침 그날의 가을 하늘이 바로 쪽빛 일색이었고, 다만 화가 밥 로스 풍의 작은 뭉게구름이 드문드문 떠 있을 뿐이었다.

하늘이 하도 멋있어서 창문도 다 내리고 밖이 더 잘 보이도록 앞유리 쪽으로 몸을 기울였다. 옆 차선의 트럭 운전사가 내 팔의 문신을 쳐다보며 윙크를 날렸다. 당연히 그는 몰랐겠지만, 내 팔뚝을 뒤덮은 큰 문신은 성 막달라 마리아였고 나는 곧 루터교 목사가 될 루터교 신학생이었다. 평소에도 예컨대 주식 중개인보다는 트럭 운전사와 폭주족과 전과자가 내게 미소를 보낼 때가 훨씬 많다. 나도 그에게 미소로 답한 뒤 다시 파란 하늘로 눈길을 돌려 우주의 무한한 신비에 사로잡혔다. 아름다운 하늘은 사실 광활하고 무서운 미지의 우주로부터 지구가 우리를 보호해 주는 안전장치다. 광대무변한 우주를 생각하면 누구나 은근히 불안해진다. 우주는 너무 큰데 우리는 너무 작아서 말이다. 그 순간 갑자기 이런 생각이 들었다. '도대체 지금 내가 뭘 하고 있는 거지? 신학교라니? 정말? 이렇게 광활한 미지의 우주에서 예수님 이야기가 진리일 확률이 얼마나 된다고. 정신 차려, 나디아. 이건 빌어먹을 허구일 뿐이야.'

그런데 곧바로 이런 생각이 뒤따랐다. '하지만 지금까지 살아오면서 그 이야기가 진리임을 내가 직접 경험했잖아.'

나디아가 예수님을 믿는 것이 한밤의 지적 자위행위가 아닌지 의심스럽다고 말한 사람도 있다. 하지만 나는 하나님의 사랑을 삶 속에서 경험해 왔고, 때로 아무리 그게 아닌 척 시치미를 떼고 싶어도 그럴 수 없다. 뜻밖에도 그분은 사랑으로 우리의 안정을 허물어뜨려 우리를 구속(救贖, redeem)하신다. 내 머리가 이의를 제기할 때도 경험만은 부정할 수 없기에, 예수님 이야기는 내게 엄연한 사실이다. 때로 누군가 내게 진실을 말해 줄 때, 때로 나 자신의 잘못을 인정할 때, 때로 사랑스럽지 않은 사람을 사랑할 때, 때로 화해가 내 바깥의 어딘가에서 왔다고 느껴질 때, 그럴 때 나는 하나님을 경험한다. 그런데 거의 언제나 그 경험은 죽음과 부활의 형태로 찾아온다.

아직도 우주는 때로 내게 도대체 지금 내가 무엇을 하고 있으며 내 믿음이 정말 허구가 아닐까 아는 의문을 불러일으키지만, 그 우주의 신비도 하나님이 창조하셨다. 바로 그 하나님이 자신이 누구인지 보여 주시려고 일부러 예수라는 인간으로 오셔서 우리 가운데서 사셨다. 그런데 우리는 예수님의 사랑과 은혜와 자비가 너무 거슬려서 그분을 죽였다. 죽으시기 전날 밤 그분은 한심한 얼간이 몇과 모여서 손에 빵을 들고 "이것은 너희를 위하는 내 몸이니 받아먹으라"

고 하셨다. 그러고 나서 십자가로 가셨다. 그러나 죽음은 하나님을 가두어 둘 수 없었다. 그분은 죽은 자 가운데서 다시 살아나심으로써 우리의 모든 정중한 사양을 무효로 돌리셨다. 죽음과 부활, 이것이 여태 내가 들은 기독교 이야기다. 막달라 마리아가 처음 전한 그 이야기가 내 경험으로 확증되었다.

이 책에 내놓을 거라고는 내 고백뿐이다. 내가 정말 망가진 사람이라는 고백, 내가 정말 믿는다는 고백이다. 딱히 시간 순서가 아니라(책 전체에서 시간은 겹쳐질 때가 많다) 내 이야기를 주제별로 배열했다. 내 믿음의 성장, 내 믿음의 표현, 내 믿음의 공동체에 대한 이야기다. 예수님 이야기가 진리임을 나는 그렇게 경험했다. 기독교 신앙이 문화 전반에서 심히 왜곡되었지만, 사실 이 신앙의 관건은 죽음과 부활이다. 지금도 하나님은 우리가 파는 무덤 속으로 손을 뻗어 우리를 끌어내서 작고도 극적인 방식으로 새 생명을 주신다. 이 믿음 덕분에 나는 알코올 중독에서 벗어났고, 이 믿음 덕분에 나를 양육한 그리스도의 교회(개신교의 한 교단—옮긴이)의 근본주의를 용서했고 지금도 용서하는 중이며, 이 믿음 덕분에 늘 내가 옳아야 한다는 집착도 버렸다.

헤헤거리는 텔레비전 전도자들은 예수님을 따르려면 착해져야 한다고, 그래야 하나님이 우리에게 돈과 상을 복으로 주신다고 말할지 모른다. 하지만 예수님을 따르는 삶은 훨씬 더 섬뜩하고 의미심장하다. 뭔가 죽어야만 새로운 것이 살 수 있다.

　죽음과 부활은 지저분한 일이다. 공허한 삶을 자꾸 직시해야 하고, 우리 힘으로는 그것을 채우기는커녕 이해할 수도 없어 매번 울어야 하고, 하나님이 우리 이름을 부르며 들려주시는 이야기를 거듭 들어야 한다. 바로 그것이 내 일이며, 내가 당신에게 들려줄 수 있는 가장 아름다운 이야기다.

안식 후 첫날 일찍이 아직 어두울 때에
막달라 마리아가 무덤에 와서 돌이
무덤에서 옮겨진 것을 보고 시몬 베드로와
예수께서 사랑하시던 그 다른 제자에게
달려가서 말하되 "사람들이 주님을
무덤에서 가져다가 어디 두었는지 우리가
알지 못하겠다" 하니…… 마리아는 무덤
밖에 서서 울고 있더니 울면서 구부려 무덤
안을 들여다보니 흰옷 입은 두 천사가
예수의 시체 뉘었던 곳에 하나는 머리
편에, 하나는 발 편에 앉았더라. 천사들이
이르되 "여자여, 어찌하여 우느냐." 이르되
"사람들이 내 주님을 옮겨다가 어디
두었는지 내가 알지 못함이니이다." 이 말을
하고 뒤로 돌이켜 예수께서 서 계신 것을
보았으나 예수이신 줄은 알지 못하더라.
예수께서 이르시되 "여자여, 어찌하여 울며
누구를 찾느냐" 하시니 마리아는 그가
동산지기인 줄 알고 이르되 "주여, 당신이

옮겼거든 어디 두었는지 내게 이르소서.
그리하면 내가 가져가리이다." 예수께서
"마리아야" 하시거늘 마리아가 돌이켜
히브리 말로 "랍오니" 하니 (이는 선생님이라는
말이라) 예수께서 이르시되 "나를 붙들지
말라. 내가 아직 아버지께로 올라가지
아니하였노라. 너는 내 형제들에게 가서
이르되 '내가 내 아버지 곧 너희 아버지, 내
하나님 곧 너희 하나님께로 올라간다' 하라"
하시니 막달라 마리아가 가서 제자들에게
"내가 주를 보았다" 하고 또 주께서
자기에게 이렇게 말씀하셨다 이르니라.

1

×

조정 팀

심령이 가난한 자는 복이 있나니 천국이 그들의 것임이
요. —마태복음 5:3

술을 끊던 첫 몇 해 동안 나는 대부분의 월요일을 역시 알코
올 중독자였다가 술을 끊으려는 몇몇 친구와 함께 담배 연
기 자욱한 교구 회관에서 불량 커피를 마시며 보냈다. 동정
녀 마리아의 여러 성화가 우리를 내려다보는 가운데 기도와
절망과 담배 연기와 소망이 천장으로 피어올랐다. 우리는
제각기 삶을 수습 중이던 괴짜 무리였다. 신도시의 가정주
부 캔디스는 무도회로 사교계에 데뷔하느라 헤로인에 취해
살았고, 우울한 시인 스탠은 걸핏하면 감상에 젖어 자신을
비하했고, 은퇴한 변호사 밥은 술이야 예수님이 태어나기도

전부터 입에 대지 않았으나 왠지 약간 노숙자 행색이었다.

우리는 시종 욕을 섞어 가며 하나님과 분노와 원망과 용서를 논했다. 큰 배도 아니고 그저 보트에 모여 탄 바보 멍청이가 우리였다. 때로는 서로를 위해 때로는 자신을 위해 미친 듯이 노를 젓는 작은 조정 팀이었다. 그러다 하나가 보트에서 뛰어내리면 나머지 모두가 더 열심히 저어야 했다.

자칭 "조정 팀"과 어울리기 시작하던 1992년에 나는 시내 어느 클럽에서 스탠드업 코미디언으로 일하고 있었다. 망가진 나를 고쳐 보려고 술을 끊은 지 겨우 몇 달째였다. 치료받을 형편은 안 되니 무대에서 냉소와 독설로 돈이라도 버는 게 차선책으로 보였다. 게다가 비참할 때는 나도 제법 웃긴다.

딱히 드문 일은 아니다. 세상의 코미디언을 다 모아 놓고 거기서 알코올 중독자와 코카인 중독자와 조울병 환자를 다 뺀다면 아마 코미디언 캐럿 톱 정도만 남을 것이다. 그런데 어둠을 벗하다 보면 더러는 엉뚱하게도 거기서 날것 그대로의 진실에 눈뜨기도 한다. 마치 삶에 비가시광선을 비추어 인생의 부조리를 드러내는 것 같다. 코미디언은 어두운 음지에서만 보이는 진실을 말한다. 코미디는 음담패설로 전락할 수 있지만 잘하면 예언과 사회적 해몽의 역할도 한다.

내가 코미디언으로 일할 때 일반인에게 자주 들은 말이 있다. "와, 어떻게 마이크 하나만 들고 그 많은 사람 앞에 설 수 있나 모르겠네요." 그러면 나는 이렇게 답하곤 했다. "와,

어떻게 가계부를 쓰고 날마다 일어나 출근할 수 있나 모르겠네요." 살아가면서 힘든 일은 사람마다 다르다. 내 경우는 수백 명 앞에서 말하는 것이 치과 진료를 예약하는 것보다 훨씬 덜 힘들었다.

내게 코미디는 거의 노력이 필요 없는 일이었다. 어두운 음지가 편하게 느껴졌기 때문이다. 거기서는 모든 것을 아이러니와 비꼬는 말에 푹 절이고 구워, 벌거벗은 임금님 앞에 내놓으면 된다. 내가 코미디 일을 꾸준히 하면서도 코미디계로 깊이 들어가지는 않은 데는 몇 가지 이유가 있다. 우선 나는 실제 청중보다 다른 코미디언들을 더 자주 웃기는 편이었다. 아마 청중을 업신여겼기 때문일 것이다. 또 내게 성공하려는 욕구가 없었다는 사실도 빼놓을 수 없다. 노력이 개입되는 순간 나는 뒤로 물러났다. 그러나 코미디가 내게 맞지 않았던 가장 중요한 이유는 내가 더 건강해져서 더는 별로 웃기지 않았기 때문이다. 덜 비참하니까 덜 웃겼다. 술을 끊고 하나님을 의지하고 내 결점에 솔직해지는 과정에서 내 약한 모습도 기꺼이 내보였는데, 그 결과 나는 적자생존의 소굴과 다름없는 코미디 클럽 분장실에서 만만한 봉이 됐다. 당연히 거기서 자유 시간을 많이 보내고 싶지 않았다. 코미디언들과 어울리는 게 다른 면에서는 좋을 수도 있었다. 웬만한 코미디언 옆에 서면 나는 정신 건강의 화신이었다. 그중 머리털이 뻣뻣하고 사교성이 좋은 PJ라는 코미디언과 친구로 지냈는데, "친구로 지냈다"는 말은 가끔 동침했다는 뜻이다. 그는 생각이 비뚤어질 대로 비뚤어졌지만 그래도 예리한 데가 있었다. 잘 맞는 바지보다는 도무지 조화되지 않는 헐렁한 반바지에 버튼다운 셔츠와 스포츠 샌들 차림이었으니 『GQ』 잡지에 실릴 만한 남자는 아니었다. 약간 개처럼 보이는 특이한 야성도 있었다. 그런데 패션 감각이라고는 바닥에 가까운 PJ가 희한하게 사교계에서는 마당발이었다. 꼭 이 순서대로는 아니지만 그는 여자와 삶과 술과 야한 잡지와 포커와 코미디를 좋아했다.

스탠드업 코미디를 하는 동안 그는 커뮤니케이션 전공으로 박사 과정도 밟고 있었다. 그의 코미디는 앞서 말한 여러 결점 때문에 약간 힘들어졌다. 어느 날 내가 그를 조정 팀에 초대한 뒤로 그는 8년 동안 충실한 멤버로 남았고, 모임 후에 자기 집에서 포커 게임을 벌이곤 했다.

PJ를 잘 모르는 사람에게는 그가 별로 똑똑해 보이지 않았지만, 그의 음담패설 이면에 기막힌 지성이 숨어 있었다. 공연 내용이 별로 지적이지 않아서 덴버 바닥에서 외설 축에 들었을 뿐이다. 무대에서 그는 바보짓의 대가였다. 한번은 내가 전화를 걸어 박사 논문이 어떻게 돼 가느냐고 묻자 PJ는 이렇게 말했다. "잘돼 갑니다. 아무도 내가 학교의 내 사무실에서 살고 있다는 걸 몰라서 그렇지요."

PJ는 치렁치렁한 치마 차림의 헝겊 인형과 같았다. 거꾸로 들고 치마를 들추면 할머니가 엉큼한 늑대로 변하는 인형 말이다. 그는 똑바로 있으면 말버릇 고약한 얼간이인

데, 거꾸로 돌리면 커뮤니케이션 박사였다. 똑바로 있으면 매일 자기 집에서 포커 게임을 벌일 정도로 놀기 좋아하고 카리스마 넘치는 사람인데, 거꾸로 돌리면 제 앞가림조차 하기 힘든 우울증 환자였다.

PJ는 조정 팀에 자연스럽게 섞여 들어 모임을 유쾌한 독설로 장식하곤 했다. 이를테면 이런 식이었다. "오늘 아침에 자살하고 싶었는데, 그러잖아도 자기밖에 모르는 너희 모든 멍청이에게 자아도취의 구실을 더 주기는 정말 싫거든, 그래서…….". 그의 말은 대부분 "그래서……"로 끝났다. 문장을 어떻게 맺어야 할지를 우리 모두가 안다는 듯이 말이다. 거기까지 그가 다 말했다면 별로 재미없었을 것이다. 그는 내가 가까이하고 싶은 사람이었다. 그와 어울리다 보면 그의 매력이 내게도 옮겨 붙어 나까지 익살맞고 똑똑한 호감형이 될 것만 같았다.

코미디 클럽은 월요일 밤에 닫았지만 PJ의 집은 열려 있어, 조정 팀 모임 후에 거기서 텍사스홀덤(포커 게임의 하나—옮긴이)이 벌어졌다. 나중에 그가 술을 끊어 술이 자취를 감추었을 때는 분명히 그 자리를 더 많은 여자와 포커와 코미디로 채웠을 것이다. PJ의 집에서 보내던 월요일은 코미디언과 회복 중인 알코올 중독자와 회복중인 알코올 중독자 코미디언에게 어둠의 축제였다. 포커 게임이 밤늦도록 이어졌지만 진짜 점수를 따려면 위트에서 이겨야 했다. 종종 나도 피아노 벤치에 보란 듯이 쌓여 있던 PJ의 야한 잡지를 옆으로 밀치고 몇 시간 동안 거기 앉아 포복절도하곤 했다. 그 과정에서 늘 25달러를 잃었지만 충분히 그만한 가치가 있었다.

그러나 학문적 성공, 코미디 클럽의 열성팬, 많은 여자, 북적이는 친구 이면에는 뭔가 좀먹는 게 있었다. 어떤 질병 내지 귀신이 10년에 걸쳐 우리 친구 PJ를 갉아먹으며 그의 정신을 조금씩 무너뜨렸다. 그 세력은 군대처럼 완강하게 진군해 와 날마다 점령지를 넓혀 나갔다.

많은 사람이 PJ를 사랑했지만 그를 어떻게 도와야 할지 몰랐다. 현대 의약으로 버티던 그의 정신 질환은 끝내 고쳐지지 않았다. 조정 팀은 말년의 그를 지켜보았다. 그는 월요일 밤 모임에 나오는 횟수가 점점 뜸해졌고 매번 몸이 더 수척해졌다. 서서히 떠나고 있던 그의 정신과 영혼을 육체도 따라가기 시작한 것 같았다. 그러다 연락이 끊겼다. 우리가 전화해도 회답이 없었다.

PJ는 목매어 죽기 며칠 전에 내게 전화했다. 기도해 달라고 했다. 그를 만난 지 10년이 지났고 그 사이에 나는 기독교로 돌아와 있었다. 그가 아는 유일한 종교인이 나였을 것이다. 그는 하나님에 대해 물었다. 자기 같은 사람도 하나님의 사랑을 받을 수 있겠느냐고 했다. 나도 평소의 냉소와 독설일랑 다 버리고 전화로 그를 위해 기도했다. 누구에게나 늘 베푸시는 하나님의 절절한 사랑을 그가 느끼게 해 달라고, 자신이 하나님의 사랑받는 자녀임을 의심의 여지없이 알게 해 달라고 기도했다. 다른 말도 많이 했을 것이다. 여태 우리의 PJ에게 씌어 그를 지배하고 속이며 하나님의 사랑이라는 빛에서 몰아낸 귀신을 나라도 쫓아낼 수 있었으면 싶었다.

열흘쯤 지나 내가 콜로라도대학교 볼더 캠퍼스의 대형 강의실에 앉아 있을 때 휴대 전화가 울렸다. 그때 나는 결혼하여 두 아이를 둔 35세의 엄마로서 학부 과정을 마무리하던 중이었다. 얼른 밖으로 나갔다. 바람이 차서 눈에 물기가 맺혔다.

동료 코미디언이자 조정 팀 멤버인 션이었다. "나디아, 음…… PJ가……"

"젠장."

"미안해." 우리 모두가 미안했다. "장례식을 맡아 줄 수 있겠어?"

그렇게 나는 사역으로 부름받았다. 내게 무슨 자격이 있었을까? 종교인이라는 게 주된 이유였다.

추도식은 청명한 가을날 덴버 시내의 코미디 웍스 클럽에서 열렸다. 알코올 중독과 싸우던 조정 팀, 덴버의 코미디언들, 코미디 클럽 직원들, 대학 인사들로 만원을 이루었다. 그들이 내 사람들이었다. PJ의 추도사를 하면서 나는 어쩌면 내가 그들의 목사가 되어야 할 운명임을 깨달았다.

내게 남을 돌보려는 경건한 마음이 들었던 게 아니다. 김빠진 맥주 냄새와 어색한 농담으로 가득한 그 지하실을 둘러보노라니, 나를 포함해서 누구도 답을 모르는 고통과 의문과 상실이 보였기 때문이다. 동시에 하나님도 보였다. 당혹감을 그렇게라도 몰아낼 수 있다는 듯 서로 빈정대며 벽 쪽에 팔짱끼고 늘어서 있는 코미디언들 바로 곁에 그분이 계셨다. PJ가 "화끈한 남자"였다고 굳이 필요 없는 말까지 하고 나서 무대에서 내려오는 여자 바로 곁에 그분이 계셨다. 그곳에 모인 냉소주의자와 알코올 중독자와 퀴어 한가운데에 하나님이 계셨다.

음지와 하나님을 동시에 보는 사람이 비단 나만은 아니다. 많은 사람이 잘 알다시피 성경에는 주인공답지 못한 주인공, 자꾸 딴소리하는 사람, 사랑받는 매춘부, 우락부락한 어부 등의 이야기가 많이 나온다. 조울증에 걸린 알코올 중독자 코미디언이 그런 등장인물과 다르면 얼마나 다를까? 여기 음지에 거주하는 내 공동체의 한가운데서 나는 어쩔 수 없이 복음을 보았다. 삶을 바꾸어 놓는 복음이란 하나님이 멀리 계시지 않고 바로 망가진 우리 삶 속에 계신다는 실재다. 복음을 본 이상 그것을 가리켜 보일 수밖에 없었다. 이유는 영영 모르겠지만, 내 자리에서 복음을 전하고 복음으로 내 자리를 알리도록 내가 부름받았음을 깨달은 것이다.

처음에 술을 끊을 때는 마지못해 다시 기도라도 해 보자는 마음이었는데 그러다 내가 기독교로 돌아왔고, 이제 그보다 더 얼토당토않은 일이 벌어졌다. 내 사람들의 목사로 부름받은 것이다.

2

×

하나님의 숙모

여자는 일체 순종함으로 조용히 배우라. 여자가 가르치는 것과 남자를 주관하는 것을 허락하지 아니하노니 오직 조용할지니라. ─디모데전서 2:11-12

코미디 클럽에서 장례식을 집전하기 25년 전에 나는 흰 샌들을 신고 세례를 받았다. 1981년 봄의 어느 일요일에 청색 계열의 폴리에스터 양복을 입은 목사가 설교를 마친 후에 말하기를, 모두 일어나 찬송하는 동안 주님께 헌신하기로 결단하거나 세례를 받고 싶은 사람은 앞으로 나오라고 했다.

모두 일어나 찬송하는 동안 나는 통로를 걸어 목사 쪽으로 갔다. 푹신한 신도석에 앉은 내게 한 남자가 카드와 연필을 건넸다. 내가 세례 난에 체크하자 다른 남자가 강단으로 나가 회중에게 광고했다. 이어 나는 세례를 누구한테 받고 싶은지 말했다.

어렸을 때 내가 다닌 교회는 "책임 연령"이 열두 살 전후라고 가르쳤다. 책임 연령에 이르면 부모의 영적 보호에서 벗어난다. 열두 살 때부터 영혼의 시계가 작동하는 셈이다. 이제 옳고 그름을 아는 나이이니 사고를 칠 때마다 본인 책임이다. 옳고 그름을 알고 죄지은 상태에서, 세례 받기 전에 죽으면 영원한 지옥 불에 떨어진다. 그래서 이때부터 아이들이 세례를 신청한다. 책임 연령에 이르고도 세례를 통해 죄를 씻음 받지 않으면 그 유예 기간이 무서울 수 있다. 직장 의료 보험이 발효되기 전에는 아프지 않게 해 달라고 기도하는 사람처럼, 우리도 세례 받기 전에는 교통사고를 당하지 않게 해 달라고 기도했다. 그리스도의 교회에 속한 열두 살 아이들은 헌신의 물결에 휩싸인다. 초등학교 6학년 생으로만 이루어진 대각성 운동과도 같다.

책임 연령인 열두 살은 남자아이가 주일학교에서 더는 여자 교사에게 배울 수 없는 나이이기도 했다. 디모데전서 2장 12절에 따라 여자가 남자를 가르치는 것이 허락되지 않았기 때문이다. 결국 열두 살 소년의 권위가 성인 여성보다 높았다. 여자는 장로나 목사나 안내 위원으로 섬길 수 없었다. 희한하게도 우리는 남자에게 헌금 접시를 돌릴 권한은 없는데, 한 시간 후 친교 시간에 똑같은 남자에게 프라이드 치킨과 감자 샐러드 접시를 돌릴 권한은 있었다.

주일학교에서 내가 처음 만난 남자 교사는 데일 더글러스였다. 목소리가 나긋나긋하고 재미있던 그는 가르마를 어찌나 한쪽 끝에 탔던지 숱 많은 금발을 억지로 빗어 올려야 했다. 데일은 여자 교사가 (아직 가르칠 권한이 있던) 작년에 어디까지 가르쳤나 보려고 우선 우리의 성경 지식을 시험했다. 내가 답을 술술 말하자 그는 불과 3주 만에 내 부모님을 따로 만나 나를 단속하라고 통보했다. 내가 질문에 너무 빨리 답하는 바람에 같은 반의 남자아이들에게 기회가 돌아가지 않는다는 것이었다. 하지만 부모님은 오히려 속으로 나를 기특하게 여겼다. 다른 아이들에게도 기회를 주라고 내게 타이르긴 했지만, 사실 부모님은 내 성경 지식이 마냥 대견했을 뿐 나를 혼낼 생각은 없었다.

교회의 권력 관계와 교리를 분석하는 능력이 자라 가면서 내 조숙한 사고는 반감으로 변했다. 교인들의 말(이성애 결혼을 벗어난 섹스는 일절 금물이다)과 행동(서로의 은밀한 외도)이 따로 놀았고, 교회에서 가르치는 내용(여자는 남자보다 열등하고 지위가 낮다)과 세상에서 경험하는 현실(그런데 왜 내가 주일학교 교사보다 똑똑하단 말인가?)이 서로 달랐다. 그런 인식이 싹트는 순간 나는 교회를 떠날 수밖에 없었다. 나는 드세고 똑똑한 데다 말투까지 도도했는데, 내가 자라난 교회는 나를 사랑할지언정 그런 성격만은 용납할 수 없었다.

교회를 떠날 무렵 나는 여태 배워 알던 모든 것에 의문이 들었다. 이제 내가 기독교인이 아닌 것은 분명했지만, 그렇다고 항간의 예상대로 무신론자로 자처한 것도 아니다. 나는 딱히 하나님을 믿지 않은 적이 없다. 다만 한동안 하나님의 숙모와 어울려 지낼 필요는 있었다. 그녀를 일컬어 여신이라 한다.

덴버 서쪽 산자락의 갈색 초원에서 나는 위카(마법 숭배)를 처음 접했다. 그곳에 유목민의 집처럼 생긴 둥근 천막집이 있었는데, 내부의 모든 전등을 빨간 스카프로 덮어 놓아 실내가 꼭 야외 매음굴처럼 보였다.

스무 살 무렵에 (전형적 이성애자인) 내 친구 레나가 내게 레즈비언 결혼식에 가 보겠느냐고 물었다. "물론이지." 내 대답에 우리는 45분 동안 차를 몰면서, 그냥 여성 취향을 제대로 느껴 보려고 인디고 걸스(포크 록 듀오이며 둘 다 레즈비언이다—옮긴이)의 음악을 들었다. 내 무릎에는 딸기를 수북이 담은 큰 그릇이 놓여 있었다. 듣자 하니 레즈비언 결혼식에는 음식을 각자 가져오는 경우가 많다고 했다.

"위카 결혼식이래." 레나가 알려 주었다. 무슨 뜻인지 다는 몰랐지만 기독교식은 아닐 것 같았다. 내가 기독교인이 아니듯이 말이다. 내 부모님이라면 이런 예식에 동조하지 않겠지만, 왠지 후무스 요리도 있을 것 같아 나는 괜찮았다.

결혼식은 내 마음에 들었다. 강인한 여성을 그토록 많이 보기는 처음이었다. 그들은 어깨가 꼿꼿했고 머리를 짧게 깎았으며 아무것도 숨길 게 없었다. 우리는 빙 둘러서서 단순한 영창을 몇 곡 불렀다. 르네상스 축제 옷차림에다 부부 사이라는 것만 다를 뿐 두 신부는 여느 신부처럼 아주 행복했고, 주례는 온전한 사랑과 온전한 신뢰를 말했다. 우리는 서로 빵과 포도주를 먹여 주며 "다시 굶주리지 않고 다시 목마르지 않게 하소서"라고 축원했다. 성찬식처럼 느껴졌다.

여성끼리는 안심하고 하나님의 숙모와 어울릴 수 있었고, 여신도 나를 좋아하는 것만 같았다. 이 여자들과 몇 년을 함께 지내며 철 따라 삶을 나누었다. 음식을 각자 가져오는 포틀럭이 빠지지 않았다. 오래가지 못한 관계와 임신, 예의를 모르던 상사와 룸메이트, 비건 샐러드드레싱에 넣을 마늘의 양이 화제로 올랐다. 어느 달엔가는 포틀럭에 전원이 디저트만 가져왔는데도 아무도 문제 삼지 않았다.

교리는 없었고 믿음에 대한 대화도 없었다. 우리 안에 있고 세상에도 있는 신의 여성성을 말하며 삶을 나누었을 뿐이다. 내게 여신은 하나님 대신으로 느껴진 적이 없었고, 하나님의 숙모처럼 그냥 신의 다른 측면이었을 뿐이다.

여신과 함께 보낸 시절을 다른 그리스도인에게 말하면 그들은 내가 이렇게 생각하기를 바라는 것 같다. 한때 내가 길을 잘못 들었다가 다행히 이제 정신 차리고 예수께로 돌아왔다고 말이다. 하지만 그렇지 않다. 나는 우주의 하나님이 우리가 생각하는 편협한 신이라고는 상상할 수 없다. 기독교의 상징체계 이외의 무수한 방식으로 자신을 계시하지 않는 하나님도 상상할 수 없다. 어떤 면에서 내게 필요한 하나님은 내가 이해하고 생각해 낼 만한 수준보다 더 크고 영리하고 신비로운 신이다. 그렇지 않으면 내가 예배하는 신이 내 이해력의 한계에 갇혀 있다고 느껴질 것이다.

사실은 교회 밖에 머물던 내내 오히려 하나님이 나를 인도하신다고 느껴졌다. 내 생명과 정체성의 근원이신 그분은 아셨겠지만, 내가 멀쩡히 전통 교회로 돌아와 거기서 신의 여성성을 볼 수 있으려면 그전에 교회 밖에서 충분히 오랫동안 하나님의 여성적인 면에 젖어들 필요가 있었다. "하나님이 남성이라면 남성이 신이다"라고 한 페미니스트 학자 메리 데일리의 말이 맞다면, 나부터 속을 뜯어고쳐야 했다. 어려서부터 하나님과 초등학교 6학년생 지미는 남성이지만 나는 아니라고 배웠기 때문이다.

세월이 흘러 PJ가 죽고 나서 30대 중반에야 깨달았지만, 내가 무엇보다도 간절히 바란 것은 내 사람들의 목사가 되는 것이었다. 그들이 후기 자본주의의 분류 체계로는 정체성이 다 규명되지 않는 젊고 똑똑한 도시인이라면 더 좋으리라. 어린 시절에 겪은 근본주의에 대한 내 분노는 세월과 금주와 치료가 잘 어우러진 덕분에 사라진 후였다. 하지만 목사가 되기에는 내게 문제가 하나 있었다. 자격이 형편없다는 것이다. 트럭 운전사처럼 욕을 달고 사는 나는 문신투성이에 이기적인 편이다. "루터교 목사"가 될 만한 구석이라고는 찾아볼 수 없다.

그래서 무서웠다. 제대로 된 목사가 되려면 여태 보란 듯이 무시하던 내 문제를 직시해야 한다는 사실이 무서웠다. 영적 지도자가 된다는 생각만으로도 힘들었다. 정서가 불안한 사람을 내가 정말 싫어하기 때문에 그들과 마주칠 기회라도 오면 일부러 피할 게 뻔해서 힘들었다. 실제로 인간을 약간 혐오하는 내가 늘 남에게 나를 내주어야 한다는 것도 힘들었다. 이렇게 힘든 게 많았지만, 어렸을 때 배운 것과는 달리 성별 문제만은 힘들게 느껴지지 않았다. 목회의 소명은 여전히 충격이었지만 그것이 점점 더 확연해지면서 내게 소중하게 느껴지기까지 했다. 그래서 부모님에게 말하고 싶지 않았다.

어쩌면 난생처음 느낀 목적의식을 부모님에게 묵살당하고 싶지 않았다. 그래도 언젠가는 그분들도 알아야겠기에 2005년 11월의 어느 토요일에 본가 거실의 불룩한 비단 소파에 마주앉아, 내 팔뚝에 새로 새긴 막달라 마리아 문신을 바라보는 부모님에게 털어놓았는데 썩 매끄럽지는 못했다.

"음…… 신학교는 정말 재미있어요. 그래서 할 말이 있는데 전공을 신학에서 목회로 바꿨어요. 음…… 그게…… 어쩌면 하나님이 교회를 개척하라고 나를 부르시는 것 같아서, 어쩌면 내가 내 사람들의 목사가 돼야 할 것 같은데, 무서워요. 그게…… 내가…… 그런데……." 말이 되는 소리인지 모르지만 일단 던졌다. 나는 그분들이 내 생각을 일축하면서, 여자가 가르치는 것을 허락하지 않는다는 성경 말씀을 내가 무시한다고 단죄할까 봐 두려웠다. 부모에게 수모당할 수 있다는 가능성과 실제로 수모당하는 것 중 어느 쪽이 더 비참할지 몰랐다.

그때 아버지가 말없이 일어나 책장으로 가더니 자신의 낡은 가죽 성경을 꺼냈다. '그럼 그렇지. 성경의 매로 나를 때리려는 거구나.' 그런 생각이 들었다.

아버지가 성경을 펴서 읽는데 펼친 위치로 봐서 뒤쪽의 바울 서신이 아니라 책의 한중간에 가까웠다. 여자는 교회에서 조용해야 한다는 디모데전서 본문이 아니라 에스더서의 한 대목을 읽은 것이다.

아버지에게서 내게 들려온 말은 이것뿐이다. "네가 태어난 것이 이때를 위함이 아니겠느냐." 아버지가 책을 덮고 나를 끌어안자 어머니도 끌어안고 함께 축복 기도를 해 주었다. 어떤 축복은 평생 우리를 떠나지 않는다. 보수 기독교인인 내 부모가 여태 죽도록 속을 썩이다 곧 루터교 목사가 될 딸에게 해 준 축복이 그랬다. 이 축복을 말하려고만 하면 늘 다시 눈물이 흐른다.

3

×

앨비언 바빌론

1988년경

"저 전등부터 고쳐 달라고 해야겠네." 내 언니 바버라가 말했다. 음침한 지하 복도의 기다란 형광등 행렬이 섬광등처럼 깜빡이는 바람에 오른쪽 세 번째 호수까지 걸어가는 시간이 이상하게 짧게 느껴졌다. 이제부터 내가 일곱 룸메이트와 함께 생활할 방 두 칸짜리 반지하 아파트였다.

언니와 나는 쭉 가깝게 지낸 편이다. 이번에 내가 지저분한 아파트로 이사할 때도 언니가 도와주기로 했다. 대학을 한 학기 만에 중퇴한 지 얼마 안 되었던 나는 빈털터리나 다름없었지만, 인디애나대학교에서 영어학으로 박사 과정을 밟고 있던 바브에게는 세탁기와 건조기 같은 가전제품도 있었다. 1988년 겨울 열아홉 살의 내가 가진 거라고는 너덜

너덜한 『농장 채식 요리책』, 전투화, 오래된 마네킹 머리 등 사과 상자 하나에 다 들어가는 필수품뿐이었다. 〈지기 스타더스트〉, 〈바이얼런트 펨즈〉, 〈로드 투 루인〉 같은 소중한 카세트테이프도 몇 개 있었다.

내가 라몬즈(4인조 펑크 록 밴드—옮긴이)의 〈로드 투 루인〉을 구입한 것은 열두 살 때였다. 콜로라도스프링스 블러프스 쇼핑몰의 캐러멜 팝콘 매점 건너편에 있던 빅애플 테이프 앤 레코드 매장에서 샀다. 중산층 기독교 가정인 우리 집에서 그때까지 듣던 음악은 짐 크로치와 존 덴버와 킹스턴 트리오뿐이었다. 그러나 콧수염을 기른 훈훈한 인상의 그들은 이제 뉴욕 퀸즈 출신의 4인조에게 자리를 내주어야 했다. 내 용돈을 라몬즈의 〈로드 투 루인〉에 전액 털어 넣었으니 말이다. 몇 주 동안 오후마다 나는 홀리 하비 캐릭터로 꾸민 내 방에서 앨범 커버를 들여다보며, 주황색과 흰색이 섞인 피셔프라이스사의 플라스틱 레코드플레이어에 그 레코드만 틀고 또 틀었다. 찢어진 리바이스 청바지와 가죽 재킷 차림의 조이 라몬과 디디 라몬이 마술처럼 우리 집에 나타나 나를 데려갔으면 싶었다. 펑크 록의 분노가 꼭 나를 위한 맞춤형처럼 느껴졌다.

내가 라몬즈와 사랑에 빠지던 그즈음 부모님은 내가 펑크 록 레코드를 사들인다는 것도 몰랐고 학교에서 음식을 훔친다는 것도 몰랐다. 내가 다니던 중학교의 교사들은 자기네 책상 위에 간식을 곧잘 놓아두었는데, 나는 너무 배가 고파 그들의 그래놀라 바와 일회용 비닐 봉투에 담긴 크래커를 슬쩍하곤 했다. 집에 먹을 게 부족해서가 아니었다. 먹을 건 풍족했는데 아무리 도시락을 싸 와서 양껏 먹어도 늘 허기졌다.

열한 살 때부터 점점 내 체중은 주는데 먹는 양은 늘었다. 사랑과 긍정적 태도로 무장한 나의 부모님 딕과 페기는 그냥 성장통이려니 싶어, 내게 키 크는 걸 자랑스럽게 여기고 몸자세를 똑바로 하라고 다독여 주었다. 이듬해에 내 필체가 아주 나빠져 성적이 뚝 떨어지자 엄마는 글씨에 자신감을 불어넣어 주려고 예쁜 캘리그래피 세트를 사 주었다. 내가 핏기를 잃고 무기력해졌을 때는 엄마가 콜로라도의 맑은 공기를 쐬는 게 좋겠다며 나를 데리고 크로스컨트리 스키를 타러 갔다. 그날 엄마는 훈련과 낙관만으로 고칠 수 없는 문제가 더 있음을 깨달았다. 산으로 가는 길에 나는 셰비 사이테이션 뒷좌석에서 잤는데, 기어가 수동이다 보니 차체가 들썩일 때마다 속이 울렁거렸다. 나중에 겨우 복장을 갖추고 스키를 타기 시작했을 때는 내 털스웨터의 무게가 납으로 된 엑스레이 방호복처럼 느껴졌다. 도저히 다리가 움직여지지 않아 결국 나는 그냥 가자고 졸랐다. 게다가 간식까지 이미 다 먹은 후였다. 집에 돌아와서 엄마는 병원을 예약했다.

그레이브스병이라는 진단이 나왔다. 갑상선 계통의 이 자가면역질환은 몸에 "짜릿한" 증세를 많이 유발한다. 심박수가 올라가면서 손이 떨리고 살갗이 창백해지고 신진대사가 빨라진다. 조증과 우울증을 오가면서 기력을 잃고 고온에 민감해진다. 황홀한 도취감만 없다 뿐이지 마약으로 쓰이는 메스암페타민의 효과와 비슷하다. 그것도 공짜로 말이다.

이 병 때문에 내 눈 안쪽에 지방 조직이 쌓여 눈이 안와 밖으로 튀어나왔다. 안구가 어찌나 돌출했던지 아예 눈꺼풀이 감기지 않았다. 전기 충격을 받거나 섬뜩한 광경을 보면 누구나 홍채 둘레의 흰자위가 둥그렇게 드러나는데, 내 경우는 항상 그랬다는 게 문제다.

항상 그랬다.

열두 살 때부터 열여섯 살 때까지 하루도 빠짐없이 그랬다.

엄마는 다달이 나를 데리고 덴버의 안과 의사에게 갔다. 의사는 각막의 손상 여부를 확인하는 한편(눈이 건조해지지 않도록 잘 때 연고를 발라야 했다) 매번 안면의 뼈 길이를 쟀다. 튀어나온 눈은 수술로 교정할 수 있지만 안면의 뼈가 다 자란 후에만 가능하다. 뼈의 성장을 훈련이나 낙관으로 멎게 할 수는 없다.

중학생은 대부분 자기가 못생겼다고 생각한다. 나도 그랬다. 그래서 스쿨버스에 타 있는 20분 동안 거의 매일 손바닥으로 눈을 눌렀다. 그렇게 악착같이 노력하면 눈이 도로 쑥 들어갈 것만 같았다. 물론 그럴 리 없다. 아이가 아무리 소원을 빌어도 이혼한 부모는 다시 합치지 않고, 아이가 아무리 착한 학생이 되어도 엄마의 조울증 발작은 멎지 않는다. 스쿨버스에서 20분 동안 눈을 누른다고 퉁방울눈이 다시 안와로 들어갈 일도 없다. 그래도 아이들은 멈출 줄 모르고 기를 쓴다.

미국의 모든 스쿨버스에 소화기와 운전사용 은색 문손잡이만 아니라 뒷좌석의 불량배까지 기본 사양으로 딸려 나오는지는 모르겠으나 아무래도 그런 것 같았다. 나한테 배당된 불량배는 확 튀지는 않았다. 머리칼을 층이 지게 자르고 데프 레퍼드(록 밴드―옮긴이) 티셔츠를 입은, 또래보다 몸집이 큰 베키라는 여자아이였다.

베키는 손바닥으로 눈을 가린 나를 비꼬며 시비를 걸었다. "너 도대체 뭐하는 거냐? 퉁방울눈을 고쳐 보겠다는 거냐?"

"명상 중이야. 불교 신자거든." 그렇게 거짓말하며 나는 앙상한 다리로 버스 좌석에서 가부좌를 틀었다.

이튿날에는 그냥 선글라스를 꼈다.

결국 나는 천장이 낮은 호러스 맨 중학교의 복도를 지나다닐 때 아무와도 눈을 마주치지 않고 옆만 보고 다녔다. 발육이 이른 여자아이들이 큰 공책으로 가슴을 가리는 것처럼 말이다. 그렇게 눈길을 돌렸을지언정 고개를 숙인 적은 없다. 한 번도 없다.

중학생 시절의 끔찍한 사연은 누구에게나 있다. 그것은 불 시험이며, 장차 우리가 어떤 사람이 될지도 대개 그 시절에서 연유할 수 있다. 다만 중학교 때 겪은 일에 대한 반응은 사람마다 다르다. 내 경우 천장이 낮은 그 복도에서 싹튼 것은 훗날의 명칭으로 "분노 문제"만이 아니었다. 베키 부류가 날마다 퍼붓던 폭언이 나를 노하게 한 건 맞는데, 이상하게 분노가 나를 지켜 주었다. 그 보호막이 냉소의 형태를 띠면서 사람들의 개소리를 간파하는 내 촉수도 예민해졌다. 콜롬비아 공항의 마약 탐지견처럼 나도 점차 그것을 귀신같이 찾아냈다.

교회에 문제가 많기는 했어도 우리 집을 제외하고 사람들이 나를 이상하게 쳐다보거나 놀리지 않은 곳은 교회뿐이었다. 교회에서는 다들 내게 인사할 때 별명으로 조롱하지 않고 내 실명을 불렀다. 교회에서는 나도 구경거리가 아니라 어엿이 중등부의 일원이 될 수 있었다. 그래서 나중에 다른 이유로 교회를 떠나야 했을 때 더욱 비참할 수밖에 없었다.

그리스도의 교회에 속해 그리스도인이 되려면 주로 이것저것 **삼가는** 데 능해야 했다. 술은 당연히 삼가야 했다. 빈정대고 비꼬는 말, 혼외 섹스, 흡연, 춤, 욕설, 비신자와 연애하는 것도 다 해서는 안 될 일이었다. 물론 남녀가 동시에 같은 수영장에 들어가는 거야말로 어쩌면 가장 중요한 금기사항이었다. 이 모든 것을 잘 삼갈수록 더 훌륭한 그리스도인이었다. 이미 그때부터 내가 보기에 그리스도의 교회를 하나로 연합하는 것은 하나님의 은혜나 예수님의 아낌없는 사랑이 아니라 교인들이 죽을힘을 다해 착해지는 거였다. 하다못해 착한 척이라도 해야 했는데, 그게 잘 안 되는 사람도 있었다.

그래서 눈이 튀어나온 나를 교회가 받아 준 것과는 별
개로, 튀어나온 눈 때문에 생겨난 내 분노와 냉소는 명백히
기독교에 어긋났다. 내가 새롭게 진가를 터득한 "개소리" 같
은 단어와 비꼬는 말투도 기독교에 어긋났다. 펑크 록은 세
상에 나 말고도 소리 지르며 다 깨부수고 싶어 하는 사람들
이 있음을 보여 줌으로써 내 삶을 바꾸어 놓았지만, 펑크 록
과 소리 지르며 다 깨부수는 것 역시 기독교에 어긋났다. 한
마디로 **내가** 기독교인이 아니라는 말이었다.

그렇게 쭉 기독교인답지 않게 살다가 결국 술을 마시
기 시작했다. 눈을 교정하는 수술을 받기 6개월 전이었다. 4
년 후에 열아홉 살이 된 나는 눈이야 정상으로 돌아왔지만,
머리를 보라색으로 염색하고 태도가 불량한 데다 술에 절어
살며 날마다 대마초까지 피우는 지경에 이르러 있었다.

내 또래가 대부분 대학에 다닐 때였는지라 나도 대학
생활을 잘해 보려 했지만, 겨우 넉 달 만에 금방 실패했다.
'남자 같은' 주량으로 동아리 사내들의 호감을 산 것까지는
좋았으나 수업에 잘 출석하지 못했다. 진짜 호감을 사려면
수업도 잘 들어야 한다는 것을 나중에야 알았다.

고등학교 졸업 학점이 2.0인 내가 애초에 페퍼다인대학
교에 들어간 것도 주로 아첨의 산물이었다. 그 학교는 사실
상 그리스도의 교회 교단에 속해 있지만, 위치가 기독교 주
(州)로 손색없는 텍사스나 테네시가 아니라 캘리포니아라서

전통주의자들의 의심을 샀다. 수영장의 남녀 혼용을 금하는 것이 그 교단의 정서이다 보니, 그들은 그리스도의 교회 산하의 학교가 말리부 해변 도시에 있는 것이 마치 아미쉬 기숙학교가 라스베이거스 한복판에 있는 것과 같다고 생각했을 것이다.

대학 생활을 짧게 끝낸 나는 덴버로 돌아왔다. 몇 달 후 음식 맛이 별로인 어느 고급 멕시코 식당에서 설거지 알바를 하다가 스카티를 만났다. 상체가 긴 체형에 마음씨가 대범하고 대마초 골초이던 열아홉 살의 스카티는 앨비언 스트리트에 있는 자기 아파트에 아무나 와서 살아도 된다고 말했다. 그래서 일주일도 안 돼 바브가 내 이사를 도와주러 온 것이다.

이사하던 밤에 언니는 열린 현관문 앞에 서서 너저분한 싱크대 주변, 대마초를 피울 때 쓰는 커다란 녹색 수연통, 매트리스 세 개를 바닥에 깔아 놓은 방, 찢어진 소파에 잠들어 있는 사내를 두루 가리키며 귀엣말로 말했다. "얘, 꼭 여기서 살아야 되겠니?"

'언니, 대학원은 아무나 다니는 게 아니야.' 나는 속으로만 답했다.

그 아파트는 금방 내 집이 됐고 함께 사는 이들은 내 대안 공동체가 됐다. 우리는 마약을 공유했고 어떻게든 먹을 것이 떨어지지 않게 했다. 거실에 1.2미터 길이의 유리섬유 수연통이 있었는데, 내가 입주하기 전에 누군가 그 통에 파란색과 노란색이 배합된 "마약 금지" 스티커를 붙여 놓았다. 수연통을 세워 놓은 벽은 니코틴에 찌들어 있었고 "레이건 슈타인"(레이건과 프랑켄슈타인의 합성어—옮긴이) 포스터가 붙어 있었다(양팔을 들어 올린 녹색 로널드 레이건의 머리 위로 벼락이 내리쳤다). 가끔 라면을 끓여 먹었을 뿐 딱히 요리하는 사람은 없었다. 한번은 누군가 인습을 타파해서 룸메이트들을 겁주려고 술김에 방울뱀을 삶았는데, 그대로 상해서 고맙게도 다른 사람이 내다 버렸다. 돼지우리 같던 그 집을 우리는 앨비언 바빌론이라 불렀다.

앨비언 바빌론에 입주한 첫날밤에 짐을 풀다가 수납공간이 내 사과 상자밖에 없음을 금세 깨달았다. 그래서 상자를 조그만 오두막처럼 세로로 세운 뒤 그 안에 모든 물건을 차곡차곡 쌓았다. 까만색 매직펜을 꺼내 사과에 동그라미까지 그렸으나 마무리를 평화 기호로 할지 무정부 기호로 할지 망설여졌다. 평화로 갈까? 아니야, 무정부가 좋겠지? 결국 둘 다 해 봤더니 꼭 〈스타트렉〉의 무슨 휘장처럼 보였다. 바닥의 매트리스에 노란색 꽃무늬의 화사한 시트를 씌우고 오리털 담요를 덮었다. 부모님 집이나 페퍼다인대학교 기숙사나 심지어 그리스도의 교회에도 취침 규정이 있는데, 그런 데 얽매이지 않고 잠잘 데가 있다는 게 마냥 고마웠다.

내가 자라난 그리스도의 교회는 온갖 허튼소리를 내세워 착해지는 데 집착했고, **자체 기준으로** "착하지" 않은 이들을 멀리하기까지 했다. 그래도 그곳은 공동체였다. 우리는 교인이라는 이유만으로 삶을 나누었다. 매주 세 번씩 온 회중이 예배로 모여 찬송하고 기도하고 성찬식에 참여했다. 주중에도 쭉 교인들과 어울렸다. 특히 내 부모님의 집은 사랑방 역할로 인기가 좋았다. 사람들이 늘 우리 집 식탁에서 먹고, 우리 집 소파에서 자고, 우리 집 거실에서 성경을 공부했다.

한번은 어느 젊은 부부가 우리 집을 찾아와 말했다. "저희는 디트로이트 출신인 슬레이터 부부의 친구입니다. 덴버를 지나가는 중인데 여기서 묵어 갈 수 있을 거라고 하던데요."

그럴 때 내 부모님은 이렇게 말하곤 했다. "소파도 괜찮겠어요? 수건은 여기 있습니다. 당근 깎는 것 좀 도와주실래요?"

그게 우리 집의 아름다운 풍경이었다. 그런데 세상 모든 아이처럼 나도 우리 가족이 이상하다는 걸 훨씬 나중에야 알았다. 기독교 근본주의야 내가 싫어서 곧 결별했지만, 손님 대접과 공동체만은 내게 영적으로 이상하면서도 늘 소중하게 느껴졌다. 그러다 보니 이후 10년 동안 나도 무의식중에 나름대로 영적 공동체를 재현하려 했다. 내 모든 면에 딱 맞는 공동체를 찾으려던 게 문제였지만 말이다.

어쨌든 나는 앨비언 바빌론에서 사는 게 즐거웠다. 우리는 공동체처럼 느껴졌다. 반지하 아파트에서 많이 웃었고, 경쟁하듯 술을 마셨고, 웬만해서 집 밖에 나가지 않았다. 멕시코 식당에서 만난 스카티는 이미 재활 기간을 거친 상태였다. 한번은 그가 내게 직접 만든 스크랩북을 보여 주었다. 사진과 그림과 글을 담은 갈색 공책이었다. 자아를 인식하기 위한 필수 과제물이자 치료의 일환이었다는데, 이제는 마약을 숨겨 두는 곳이었다. 그의 시와 그림도 좋았지만 입원 치료의 기념물에 대마초를 숨기는 것도 멋져 보였다. 그를 "심히 걱정한다"는 부모에게 제대로 한 방 먹이는 것 같았다.

나도 비슷한 공책을 만들어 그림도 그리고 어설픈 시도 쓰고 내 영웅과 장단점도 열거했다. 영웅은 예수 그리스도와 체 게바라, 장점은 유머, 단점은 현실 도피였다. 예수님은 진정한 혁명가인데 불행히도 기독교가 그분의 이름에 먹칠을 했다고도 써 놓았다. 열아홉 살 그 시절의 내 목표는 여행을 더 다니고, 모종의 생활 공동체 내지 계획 공동체에서 살고, 혁명 활동을 통해 세계 평화에 기여하는 것이었다.

룸메이트가 두 명 더 늘어 결국 우리는 큰 셋집으로 이사했다. 훔볼트 스트리트에 있는 노란 벽돌집 단독 주택이었다. 그때는 보이지도 않았지만 훗날 나는 그 근처의 아일리프 신학대학원에 다녔다. 새 집 훔볼트 하우스에 오니 다들 인습의 제약과 부모의 간섭에서 해방된 기분이었다. 마당도 있었다.

비로소 친구들과 내게 집다운 집이 생긴 것이다. 이가 숭숭 빠진 앨라배마 출신의 남자는 마약 수경 재배실을 만들었고, 나는 더 전통적인 가사를 실천해 보기로 했다. 빵도

구울 줄 모르고 채소도 가꿀 줄 모르는 내가 둘 다 시도한 것인데, 빵은 모래를 씹는 것처럼 푸석푸석했고 채소도 다 시들어 죽었다. 마른 땅에 씨만 뿌려 놓으면 먹을 게 열릴 줄 알았으니 뭐든 자랄 리 없었다. 이래저래 배가 고팠다. 또 지하실에 있는 내 방의 리놀륨 바닥 가장자리를 빈 보드카 병으로 쭉 장식했는데, 룸메이트들과 그들의 남자친구나 여자친구가 자꾸 발로 차 넘어뜨렸다(나는 룸메이트들이 데려오는 남자친구나 여자친구와 "우연히" 동침하곤 했다).

숙취가 깨지 않는 일요일 아침이면 이유도 모른 채 몰래 혼자서 근처의 퀘이커교 모임에 가곤 했다. 진보 교회인 그곳에는 아무도 말하는 사람이 없었다. 침묵을 공유하는 예배라서 설교도 없고 과시하듯 기도를 늘어놓는 사람도 없었다. 참나무로 짠 신도석에 앉아 있노라면 친근감이 들면서 마음이 편안해졌다. 게다가 착해지라며 이것저것 시키는 사람이 없어서 좋았다. 일요일 아침에 그곳에 앉아 침묵하는 교인들은 실제로 텃밭을 가꾸고, 반전 시위를 벌이고, 『뉴욕 타임스』를 읽었다. 친절하게도 그들은 전날 밤의 알코올이 다 분해되지 않은 내게서 술 냄새가 풍겨도 그것을 입에 올리는 법이 없었다.

퀘이커 교회가 공동체이긴 했지만 나는 그곳의 일원이라기보다 구경꾼에 가까웠다. 내 공동체는 아직 집에서 숙취에 시달리고 있었고, 그나마 그 집도 어느새 와해될 조짐을 보였다. 사람들이 지리멸렬해졌다. 총을 들여온 남자가 있는가 하면 다른 백인 룸메이트는 마약을 팔기 시작했다. 드나드는 외부인도 점점 많아졌다. 텃밭에 신경 쓰는 사람이 없었고, 그건 나도 마찬가지였다. 다들 자기 하고 싶은 대로 했다. 모두가 나를 실망시켰다. 내가 빵을 구운 것도 딱 그때 한 번뿐이었다.

알고 보니 내가 원한 공동체는 이를테면 사람들이 1981년형 혼다 시빅의 엔진을 분해해서 넉 달씩이나 거실에 방치하지 않는 곳이었다. 자신의 수고양이가 내 담요에 오줌을 쌌으면 고양이를 거세할 생각을 해 보거나 최소한 드라이클리닝 비용이라도 알아서 내는 곳이었다. 그런데 그들은 난감해하는 내게 오히려 내가 너무 깐깐하다면서 인간에게 다른 동물의 생식 기관을 망가뜨릴 권리는 없는 법이라고 훈계했다. 무엇보다 내가 원한 공동체는 사람들이 한때 눈이 튀어나왔던 여자를 사랑하기만 할 게 아니라 변기 물을 제대로 내리는 곳이었다. 아마 그들은 그들대로 자신의 남자친구나 여자친구와 동침하지 않는 룸메이트를 원했으리라.

시작할 때 서로 걱정해 주던 우리가 결국 아무도 서로 **돌볼** 줄을 몰랐다. 이 경험을 통해 내가 배운 것이 있다. 무조건 규율에서 벗어나려고만 하는 공동체는 결국 규율을 지키는 데 사활을 거는 공동체만큼이나 실망감과 답답함만 안겨 준다는 것이다.

내가 그 집에서 나온 지 두 주 후에 경찰이 그곳을 덮쳤다.

안식 후 첫날 일찍이 아직 어두울 때에
막달라 마리아가 무덤에 와서 돌이
무덤에서 옮겨진 것을 보고 시몬 베드로와
예수께서 사랑하시던 그 다른 제자에게
달려가서 말하되 "사람들이 주님을
무덤에서 가져다가 어디 두었는지 우리가
알지 못하겠다" 하니…… 마리아는 무덤
밖에 서서 울고 있더니 울면서 구부려 무덤
안을 들여다보니 흰옷 입은 두 천사가
예수의 시체 뉘었던 곳에 하나는 머리
편에, 하나는 발 편에 앉았더라. 천사들이
이르되 "여자여, 어찌하여 우느냐." 이르되
"사람들이 내 주님을 옮겨다가 어디
두었는지 내가 알지 못함이니이다." 이 말을
하고 뒤로 돌이켜 예수께서 서 계신 것을
보았으나 예수이신 줄은 알지 못하더라.
예수께서 이르시되 "여자여, 어찌하여 울며
누구를 찾느냐" 하시니 마리아는 그가
동산지기인 줄 알고 이르되 "주여, 당신이

옮겼거든 어디 두었는지 내게 이르소서.
그리하면 내가 가져가리이다." 예수께서
"마리아야" 하시거늘 마리아가 돌이켜
히브리 말로 "랍오니" 하니 (이는 선생님이라는
말이라) 예수께서 이르시되 "나를 붙들지
말라. 내가 아직 아버지께로 올라가지
아니하였노라. 너는 내 형제들에게 가서
이르되 '내가 내 아버지 곧 너희 아버지, 내
하나님 곧 너희 하나님께로 올라간다' 하라"
하시니 막달라 마리아가 가서 제자들에게
"내가 주를 보았다" 하고 또 주께서
자기에게 이렇게 말씀하셨다 이르니라.

4

×

생사의 갈림길

내가 행하는 것을 내가 알지 못하노니 곧 내가 원하는 것은 행하지 아니하고 도리어 미워하는 것을 행함이라.

一로마서 7:15

1992년 첫 일요일에 나는 요크 스트리트 2층의 칙칙한 거실에 앉아 금주 엿새째를 맞이했다. 담배 연기 자욱한 실내는 신도시 가정주부, 초췌한 술집 웨이트리스, 할머니, 변호사 등 술을 끊으려는 여자들로 가득했다. 요크 스트리트는 덴버에서 알코올 중독 회복 모임 센터로 쓰이는 낡은 빅토리아풍 주택이다. 술을 끊으려는 주당의 모임 공간으로 20년 넘게 쭉 쓰이다 보니 집의 위용은 빛이 바랬다. 전면과 측면이 탁 트인 현관은 19세기까지만 해도 코르셋을 입은 숙녀와 허리에 장식 띠를 두른 신사의 발걸음이 끊이지 않았겠지만, 이제 반쯤 찬 재떨이용 쓰레기통과 노숙자가 여기저기 눈에 띄었다. 특히 그곳에 드나드는 변호사들은 혹시 차를 몰고 그 집 앞을 지나갈지도 모르는 동료나 의뢰인에게 자신이 회복 센터에 왔다는 것을 들키지 않으려고 재빨리 외제 차에 올라타곤 했다.

2층에 한해서지만 그때는 요크 스트리트에서 담배를 피워도 됐다. 술을 끊어 몸이 떨리는 데다 회복 가망성조차 의심스러울 때는 흡연이 도움이 된다. 이런 금주 모임이 나한테 통할지, 내가 제대로 올 곳에 온 건지, 이 여자들 중 하나라도 내가 겪고 있는 일을 겪어 봤을지 전혀 확신이 없었다. 그들이 하나같이 다 싫을 뿐이었다.

2층에 빙 둘러 앉은 자리에서 그들이 하나님 어쩌고저쩌고 항복 어쩌고저쩌고 하는 동안 나는 들은 척도 하지 않았다. 내 피부는 껄끄러운 벨크로처럼 느껴졌고, 들리는 소리마다 신경을 날카롭게 자극했으며, 오른쪽 다리가 미친 듯이 떨렸다. 금주에 성공한 친구 노라가 생각났다. 알코올 중독자만 아니라면 날마다 술에 취하겠다던 그녀의 말에 격하게 공감되어 웃음이 났다. 보드카나 한잔했으면 딱 좋겠는데 엿새째 몸에 술이 들어가지 않으니 미쳐 버릴 것 같았다.

변호사가 발언하는 동안 나는 상념에 빠져 일주일 전으로 돌아갔다. 크리스마스 날 오전 10시부터 술을 마셨는데 24시간 후에 깨어 보니, 내가 같은 식당에서 일하던 라인 요리사의 침대에 누워 있었다. 평소 어울려 지내기는커녕 마음이 끌렸던 기억조차 없는 사람이다. 그런데 무서웠던 것은 내가 폭음하다 간밤의 필름이 끊긴 채 낯선 집에 가 있었다는 게 아니다. 그런 미련한 짓이라면 이미 전력이 화려한 나였다. 마약 중독자의 거실에서 문신을 새기기도 했고, 뉴욕의 넬스 나이트클럽 화장실에서 코카인을 들이마시기도 했고, 술김에 겨울이 오토바이 철이 아닌 줄을 잊고 빙판에 오토바이를 처박기도 했다. 그 크리스마스 날 내가 무서웠던 것은 그 상황에서도 전혀 무섭지 않아서였다.

가련한 내 어머니가 이런 걸 조금이라도 알았다면 영영 회복되지 못했겠지만, 그때까지 나는 앤드루 로이드 웨버 버전의 뮤지컬 〈나디아〉의 주인공인 것처럼 행세했다. 방종의 화신인 양 음주로 허세를 부렸다. 얼마나 명연기였던가. 그런데 그 크리스마스 날에는 기분이 엿 같았다. 어렴풋이나마 깨닫고 보니, 나는 엉뚱한 자아를 답으로 정해 놓고 그렇게 되려고 발버둥치고 있었다.

나는 늘 내가 서른 전에 죽을 줄로 알았다. 그런 생각이 정확히 어디서 왔는지는 모르지만, 짐 모리슨(록 밴드 도어스의 리드 보컬로 27세에 사망했다—옮긴이)의 전기물 영화나 영화 〈시드와 낸시〉가 아니었나 싶다. 내가 흡수해서 저게 "나"라고 정한 할리우드 영화가 무엇이든 간에, 그 자아상을 재고할 마음이 생기기까지 실로 여러 해가 걸렸다. 내가 (멋지게) 통제력을 약간 잃어 요절하리라는 생각은 즐겨 입는 옷과도 같았다. 멋져 보여 갈아입기 싫었고 처음에는 신났다. 마약을 비롯한 일탈이라는 옷이 십대 때부터 마냥 좋았다. 입고 거울 앞에서 빙 돌면서 이 모습, 이 이미지를 내 정체성으로 선택하기로 결심했다. 그러나 선택할 수 있는 힘은 결국 나도 모르는 사이에 사라졌다. 처음에는 흉내만 냈는데 어느새 내가 정말 그런 사람이 되어 있었다.

나는 술이 한잔만 들어갔다 하면 아무리 자신을 통제하려 해도 속수무책이다. 사람이 이렇게 통제력을 잃으면, 삶 전체를 거기에 맞춰 그것까지도 자신이 선택한 것처럼 꾸미기가 더 쉽다. 진실을 직시하지 않는 것이다. 여기서 진실이란 이미 자신이 선택할 수 있는 힘을 잃었다는 것이다.

요크 스트리트 모임에 가기 엿새 전인 1991년 12월 26일, 내가 12단계 중독 회복 모임에 처음 참석한 것은 친구 샌드라에게 내가 알코올 중독자가 아님을 증명해 보이기 위해서였다. 샌드라는 노인들에게 필요 이상의 보청기를 팔아 뜯어낸 돈으로 우리 술값의 큰 비중을 부담하는 상습 사기꾼이었다. 당시 내 술 상대였던 그녀는 지난 6년간 회복 프로그램을 들락거렸다.

컨트리 앤 웨스턴 음악이 주로 나오는 레즈비언 바 미즈 시스에서 술이 네 순배쯤 돌았을 때 샌드라가 불쑥 내뱉었다. "얘, 나 다시 술 끊어야겠어." 술이 올라 그녀의 얼굴이 부어 있었다. 그때 내게 든 생각은 '이런 겁쟁이 같으니라고'였다. 그런데 친구의 말이 이어졌다. "그리고 진지하게 하는 말인데, 나디아, 너 지독한 알코올 중독자야."

나는 그 말이 틀렸다는 걸 증명하고 싶었다. 토할 걱정 없이 술을 즐길 수 있도록 자신을 약간 통제하는 요령도 배우고 싶었던 것 같다. 그래서 이튿날 어느 교회 지하실 구석의 낡은 소파에 도도한 자세로 앉았고, 내가 그 자리에 어울리지 않는 사람임을 실내의 모두가 알 거라고 확신했다. 어느덧 엿새가 지났다. 나는 쉴 새 없이 다리를 떨면서도 여전히 내가 알코올 중독자가 아님을 확인하고 싶었다. 죽도록 다시 술을 마시고 싶었다.

피부가 거칠고 뉴저지 억양으로 말하는 마저리가 기도인가 뭔가에 대해 허튼소리를 하고 있을 때, 갑자기 아래층 주방에서 프라이팬이 타일 바닥에 떨어진 듯한 소리가 났다. 그런데 나만 유산탄이라도 피하듯 자리에서 벌떡 일어났을 뿐 다들 무반응이었다. 손에 길고 가는 담배를 든 마저리는 반 박자도 쉬지 않고 나를 보며 말했다. "아가씨, 그냥 둬요." 담배를 한 모금 빨고 나서 그녀는 아까 하던 말로 돌아갔다. "그래서 어쨌든 기도라는 게……."

그 순간 깨달았다. 그렇게나 즉시 나를 보며 말한 것으로 보아 마저리는 술을 끊어 몸이 떨리는 기분이 어떤지도 알았고, 그게 잠시 지나가는 과정에 불과함도 알았다. 죽을 맛이지만 술을 멀리하는 법까지도 알 것 같았다. 내가 제대로 올 곳에 와 있었던 것이다. 그때부터 나는 아주 서서히 그런 모임에 나가 마저리 같은 할머니의 말을 들었다. 그들이 하나님 얘기를 꺼내도 일단 들었다.

그들은 하나님 얘기를 많이 했다. 그런데 그들이 말하는 하나님은 사람을 심판하거나 정죄하거나 사람에게 늘 실망하는 성난 신이 아니었다. 그때까지 내가 배운 무서운 하나님이 아니었다.

"그냥 위대한 힘을 찾아서 그 힘과 거래하면 돼." 어느 날 아침 기독교가 싫다고 털어놓는 내게 마저리가 그렇게 권해 주었다. "이건 종교가 아니야, 아가씨."

그녀에게 하나님은 금주를 지속하는 비결이었다. 그녀와 신의 관계는 교리가 아니라 효능이었다.

"너무 심각하게 생각할 것 없어. 아침에 일어나서 하나님께 오늘도 술을 마시지 않게 해 달라고 도움을 청하고 잠자기 전에 그분께 감사하면 돼." 남성 대명사가 거슬렸지만 일단 그날 밤에 그대로 했다.

몇 년씩 소식이 끊겼다가도 다시 만나면 세월과 거리가 무색할 정도로 대화가 자연스럽게 이어지는 관계가 있다. 나와 하나님의 관계는 그렇지 못했다. 내가 하나님을 믿지 않은 것은 아니다. 나는 차마 무신론자가 된 적은 없었다. 우주에 뭔가 위대한 힘이 있어 그것이 만물을 하나로 통합하고 있으며, 나 또한 그 창조적 힘에 연결되어 있다고 믿었기 때문이다. 그것을 영이라든가 여신이라고 부르는 게 좋았지만, 기독교가 끼어들지만 않는다면 다시 하나님이라 부를 용의도 있었다. 그래도 막상 하나님께 말하려니까 처음부터

64

다시 시작하는 기분이었다.

요크 스트리트와 여러 교회 지하실에서 열린 그런 모임에 나는 거의 날마다 나갔다. 리놀륨 바닥에 놓인 금속 접의자에 앉아 스티로폼 컵으로 연한 커피를 마시는 동안, 술을 끊으려는 중독자들이 하나님에 대해 말하곤 했다. 대개 그들에게 하나님은 그냥 위대한 힘이었다. 그렇게 딱히 기독교적 색채가 없었던 게 내가 장기 출석할 수 있었던 유일한 이유일 것이다. 그런데 한번은 6개월쯤 지나 12단계 모임이 프리메이슨 회관 위층에서 열렸을 때였는데, 어떤 남자가 말하기를 그 주에 읽은 성경 말씀이 자기가 술을 끊는 데 정말 도움이 되었다고 했다.

나는 일어나 밖으로 나와 버렸다. 내 청소년 시절의 영적 검투 경기장에서 성경은 최종 병기였다. 알다시피 정확히 겨냥해서 휘두르면 성경으로 깊은 상처를 입힐 수 있었고, "하나님의 말씀이야"라고만 말하면 휘두르는 사람은 무죄였다. 성경을 하나님이 쓰셨으니(터무니없는 생각이다) 성경 말씀으로 사람을 배척하거나 수모를 주거나 해치거나 상처를 입혀도 하나님의 이름으로 하는 일일 뿐 아니라 상대를 향한 사랑과 관심에서 우러난 일이라는 식이었다. 나는 번번이 피해자가 되어 영적으로 쓰러져 피를 흘렸고, 내게 친절한 관심을 보인 선의의 그리스도인들은 떡 버티고 서서 "사랑으로 진리를 말한" 자신을 못내 뿌듯해하며 생색내듯 미소를 지었다.

하나님이 "쓰신" 책은 나를 비롯한 많은 사람에게 상처를 입히는 데 악용되곤 했다. 그래서 누군가 12단계 모임에서 성경을 언급했을 때 내게 든 생각도 그것뿐이었다. 마저리의 표현으로 내가 찾아서 "거래해야" 할 신은 성경 같은 책을 쓴 신일 수 없었다. 나중에 내가 성경을 사랑하게 될 줄을 누가 알았으랴. 성장기에 아무에게서도 듣지 못했던 모든 놀라운 말씀을 알고 나서는 그렇게 됐다.

마저리 같은 사람들은 알코올에 중독된 자신보다 더 위대한 힘인 하나님과 깊고 인격적인 소통을 유지했는데, 그 소통의 근거는 결코 경건이나 의가 아니었다. 유일한 근거는 절박감이었고, 그거라면 나도 훨씬 더 공감할 수 있었다.

지금 와서 돌아보면 모든 것이 간섭으로 보인다. 하나님이 갑작스럽다 못해 우격다짐으로 내 인생에 간섭하신 것 같다. 나는 로큰롤 가수처럼 요절할 것을 꿈꾸며 그런 대로 괜찮았다. 내 보드카 토사물 위에서 잠들어 얼굴에 발진이 퍼졌는데도 식당에 출근해 웨이트리스로 일하는 자신이 마냥 재미있어 보였다. 술을 정말 끊어야겠다고 입버릇처럼 말했지만, 그것은 "내가 얼마나 멋진 술고래인지 보라고. 이 정도면 귀여운 푼수 아닌가?"의 다른 말이었다.

그래서 술을 끊었을 때 그것이 내 의지로 된 일로 느껴지지 않았다. 밤마다 술집에 다니던 내가 대신 교회 지하실로 향하는 것은 실제로 내 의지에 어긋났고, 그래서 부아가 치밀었다. 인간다워지는 것만도 두렵고 버거워 가슴속이 꽉

맺혀 있던 내가 조금이라도 긴장을 풀려면 술밖에 의지할 게 없었는데, 그것을 빼앗겼으니 속이 부글부글 끓었다.

그래도 나는 계속 술을 삼가고 모임에 나가 마저리 같은 여자들의 말을 들었다. 거기서 진실을 들었기 때문이다. 술을 곱게 마시는 법이나 배우려던 내가 그들 곁에 남아 배운 교훈은 나 같은 사람도 술을 끊을 수 있다는 것이었다. 내 음주 문제의 진실이 여러 할아버지, 거리의 펑크족, 변호사, 마저리 같은 할머니의 입에서 똑같이 들려왔다. 하도 듣다 보니 항복하기보다 부정하는 데 더 강한 의지가 필요할 것 같았다.

1990년대 초에 나온 프랑스의 명화 〈니키타〉와 비슷하다(형편없긴 하지만 나중에 미국에서 리메이크된 〈니나〉도 줄거리는 같다). 마약에 중독된 십대 소녀 니키타는 강도짓에 가담했다가 경찰과 대치한 상황에서 혼자만 살아남는다. 정부는 니키타도 죽었다고 발표하고 그녀를 감옥에 가둔다. 그러면서 그녀에게 가짜로 만들어 놓은 무덤 속에 들어가든지 아니면 살려 주는 보답으로 정부를 위해 일하든지, 둘 중 하나를 선택하게 한다.

내가 술을 끊은 것은 결코 나 스스로의 영적 힘으로 된 일이 아니다. 그보다 내가 자멸의 길로 가고 있는데 하나님이 내 목덜미를 잡아 번쩍 드신 것처럼 느껴졌다. 내가 속절없이 발길질하고 버둥거리며 "나는 망할 테니까 꺼져 주세요"라고 대들자, 하나님은 붉으락푸르락하는 조그만 나를 보며 "귀엽구나"라고 말씀하신 뒤 전혀 다른 길에 나를 털썩 내려놓으셨다. 하나님을 위해 일한다는 조건으로 생명이 연장되었으니 나도 루터교의 니키타가 된 셈이다. 이후에 내게 주어진 삶은 그때의 내가 선택했을 리 없는 풍성한 삶이다. 나는 좋은 남자와 결혼하고, 대학을 마치고, 두 자녀를 낳고, 신학을 공부하고, 루터교 목사로 안수 받고, 교회를 개척했다. 이 삶을 돌려받되 결국 하나님을 위해 일해야 했다. 하나님의 여자가 되어야 했다.

5

✕

"감사합니다, ELCA!"

천국은 마치 품꾼을 얻어 포도원에 들여보내려고 이른
아침에 나간 집주인과 같으니…… 제십일 시에도 나가
보니 서 있는 사람들이 또 있는지라. 이르되 "너희는 어
찌하여 종일토록 놀고 여기 서 있느냐." 이르되 "우리
를 품꾼으로 쓰는 이가 없음이니이다." —마태복음 20:1,
6-7상

남편과 처음 데이트하던 날 나는 그에게 혹시 유니콘이냐고
물었다. 내 솔직한 마음의 표현이었다.

매튜를 만나던 즈음 나는 청소년 시절의 교회를 떠난
지 10년째였고, 불의와 빈곤 등 사회 문제에 관심이 많아졌
다. 지독히 비정한 사람이 아니고는 그런 문제를 무시할 수

없을 것 같았다. 내가 어렸을 때 다니던 교회에서는 가난한 사람을 돕는다는 말을 들어 본 적이 없다. 우리는 "저 영광의 땅"인 천국만 바라보고 사는 무리에 가까웠다.

어린 시절의 근본주의로부터 내가 최대한 멀리 떨어져 나온 줄 알았는데, 그때는 몰랐지만 부모님의 교회에 그만 나가는 것보다 흑백 논리에서 벗어나는 데 더 오랜 시간이 걸렸다. 교회에서 가르친 분류 체계가 이미 내 속에 깊이 배어 있었던 것이다. 모든 사람과 생각과 사건은 깔끔하게 두 범주로 나뉘었다. 범주의 꼬리표는 때에 따라 "구원받은 사람"과 "구원받지 못한 사람"(저 영광의 땅에 함께 갈 사람과 그렇지 못한 사람)이었다가 "우리"와 "그들"(같은 뜻)이 되기도 했고, 그냥 "착한 사람"과 "나쁜 사람"(역시 같은 뜻)일 때도 있었다. 십대 때부터 나는 기독교의 일괄적 분류 체계에 의문이 들었다. 고등학교의 게이 친구들은 친절하고 재미있고 내게도 잘해 주었다. 아무래도 우리 교회가 그들을 엉뚱한 범주에 넣은 것 같았다. 춤도 알고 보니 재미있었고, 수영장에 남학생과 함께 들어가도 아무렇지도 않고 오히려 재미있었다. 결국 그리스도인이 아닌 사람과 함께 지내기가 내게는 더 쉬웠다. 세상의 온갖 불의도 무시하지 말고 직시해야 했다. 착한 사람은 그리스도인이 아니라 평화와 정의를 위해 싸우는 사람이었다. 교회는 잘못된 범주로 나를 속였고, 나는 그렇게 속은 게 분해서 교회를 떠났다. 그런데 알고 보니 사실은 내가 그 분류 체계에서 벗어난 게 아니라 범주의 꼬리표만 바꿔 달았을 뿐이었다.

매튜를 만난 1995년 1월에 그것을 처음 깨달았다. 매튜는 키가 크고 정말 귀여운 루터교 신학생이었다. 우리는 픽업 배구 시합을 하다가 만났다(역시 배구장은 키 큰 사람들의 신성한 온상이다).

매튜를 사귀던 당시 나는 술을 끊은 지 4년째였고 여전히 하나님의 숙모와 어울려 지냈다. 길게 늘어뜨린 옷을 입고 무슨 성가대에서 활동하던 중년의 심리 치료사에게 치료도 받고 있었다. 그녀는 똑똑했고 나에 대해 진심으로 낙관하는 것 같았다. 그녀의 견해에 의심이 들면서도 한편으로 몹시 고마웠던 나는 1995년 어느 봄날에 불안한 심정으로 매튜 얘기를 꺼냈다. 정말 귀여운 남자를 만났는데 음……착하더라고 말이다. 내게는 그것이 분명히 문제였다(이전의 한 남자친구는 무장 강도질로 샌 쿠엔틴 교도소에서 6년간 복역한 사람이었다). "착하다"는 특성은 내게 한 번도 매력 있게 다가온 적이 없었다. 치료사는 "일단 교제해 보면 어떨까요?"라고 말했다. 상담료 75달러가 가장 아깝지 않았던 시간이다.

데이트 첫날 매튜와 나는 엘 타코 데 멕시코 식당의 칸막이 자리에 마주앉았다. 덴버에서 브레인 토스타다와 텅 타코(각각 동물의 뇌와 혀가 재료인 메뉴―옮긴이)를 맛볼 수 있는 몇 안 되는 식당 중 하나였는데, 우리는 평범한 칠리 레예노 부리토 둘을 주문했다. 매튜가 내 관심사를 물었다. 인종 차별, 노숙자 문제, 여성의 권리 등 화제에 오르는 사회 문제마다 둘의 견해가 일치했다. 그러다 그가 말했다. "사회 정의에 대한 내 관심은 기독교 신앙에서 싹튼 거야."

'음, 뭐라고?' 나는 할 말을 잃고 그를 쳐다보기만 했다. 이어진 말에 따르면 그는 아일리프 신학대학원에서 목회학 석사 과정을 밟고 있는 루터교 신학생이고, 중점 분야는 평화와 사회 정의이며, 졸업 후 목사가 될 예정이었다. 게다가 하필 텍사스(전통적 보수 지역—옮긴이) 출신이었다. 말했듯이 매튜는 유니콘이었다. 현실에 존재하지 않는 동물처럼 조합이 신기했다.

그런데 곧 알고 보니 마태복음 25장을 진지하게 받아들이는 그리스도인의 세계가 엄연히 존재했다. 그들은 굶주린 자를 먹이고 헐벗은 자를 입히고 병든 자를 돌보는 것이 예수님 자신께 하는 일이라 믿는다. 그렇다고 그들이 상상 속에나 존재하는 신기한 동물은 아니고, 그냥 내가 생전 들어 보지 못한 부류의 그리스도인이었다. 흥미롭고 특이해 보였지만 나로서는 받아들이기 힘들었다. 내 내면의 분류 체계가 그것을 허용하지 않았다. 일부 그리스도인을 "착하다"는 범주에 넣기 시작하면 끝이 어찌되겠는가? 그래도 루터교 유니콘과의 데이트는 잘 진행되어 6개월 후에 우리는 캘리포니아로 이사해 동거에 들어갔다. 매튜가 오클랜드에서 루터교 신학 공부를 마쳐야 했기 때문이다. 그곳에서 나는 유니테리언 신자(예수님의 신성과 삼위일체를 부인하며 인간의 신적 속성과 긍정적 잠재력을 강조한다—옮긴이)가 돼 보려고 몇 달 동안 죽기 살기로 애썼다. 퀘이커교는 내게 맞지 않았고, 위카는 좋았지만 늘 내가 손님으로만 느껴졌다. 그래서 나는 유니테리언파가 정답이기를 바랐다. 그들은 아주 똑똑하고 착하다. 희망이 넘쳐 보인다. 민주당에 투표하고 쓰레기를 재활용하고 여성을 존중한다. 게다가 믿는 내용이야 어떻든 상관하지 않는다. 나도 기어이 그들처럼 되고 싶었는데 잘 안 되었다. 내가 4년간 금주할 수 있었던 것은 희망에 찬 긍정적 사고의 결과가 아니라 은혜였다. 그런데 유니테리언파는 하나님의 은혜가 우리에게 꼭 필요하다는 말을 별로 하지 않는다. 인간을 아주 높게 보기 때문이다. 신문도 읽고 내 마음 상태도 잘 아는 나로서는 거기에 선뜻 동조할 수 없었다. 내 엉터리 인생에 간섭하시는 하나님을 느끼며 알코올 중독에서 마지못해 헤어나고 보니, 내게 신적 속성이 있다거나 내가 대단한 존재라는 말은 위로가 되지 않았다. 위로가 될 수 있다면야 좋겠지만 말이다. 요컨대 나는 간절히 유니테리언 신자가 되고 싶었지만 그럴 수 없었다. 화해와 온전한 회복의 근원이 될 만한 특정한 신이 내게 필요했기 때문이다. 그 근원으로부터 내게로 사랑이 흘러드는 것이지 내 내면이 곧 근원일 수는 없다.

어느 날 아침 내가 아파트의 작은 부엌에서 오트밀을 먹으며 유니테리언 신자가 되기는 글렀다고 한탄했더니 매튜가 말했다. "그냥 일요일에 나랑 같이 세인트 폴 교회에 가. 장담컨대 나쁘지 않아. 로스 목사도 당신 마음에 들 거고. 게이야." 순전히 목사가 게이라는 말에 마지못해 응했다. 왠지 이색적이고 볼 만할 것 같았다.

다음 일요일에 매튜가 오클랜드의 세인트 폴 루터교회로 차를 모는 동안 나는 약간 초조하게 이것저것 물었다. "중간에 빠져나와야 될지도 모르니까 통로 쪽에 앉아도 되겠지?" 도착했을 때는 마음이 진정돼 있었다. 그냥 컬처 클럽과 700 클럽의 만남 정도 되려니 생각했다(전자는 영국의 뉴 웨이브 밴드이고, 후자는 보수 기독교 텔레비전 프로그램으로 성향이 상극이다—옮긴이). 그래 봐야 교회 아닌가. 그런데 전혀 그냥 교회가 아니었다. 볼 만한 광경이나 드래그(전통적 기준의 성별이 바뀐 복장—옮긴이)는 없었다. 동성애자, 이성애자, 아이, 휠체어에 앉은 노인, 백인, 흑인 등 도무지 서로 어울릴 것 같지 않은 이들이 가득 모여 있었을 뿐이다. 오래된 건물의 붉은색 카펫과 짙은색 목재는 고상한 느낌을 주었다. 나는 낡은 신도석 끄트머리에 앉아 아름다운 스테인드글라스에 매료되었다.

그때까지 나는 전례(典禮, liturgy)를 접한 적이 없었다. 그런데 그곳 회중은 예배 시간에 함께 외는 말이 많았다. 일어서고, 앉고, 무릎 꿇고, 성호를 긋고, 제단에 나가 성찬식 빵과 포도주를 받기도 했는데, 이 모든 동작이 신성한 안무 같았다.

집에 가는 길에 차 안에서 매튜에게 물었다. "내가 다시 온다면, 다시 오겠다는 게 아니라 만약 온다면, 다음 주에도 다들 똑같은 동작과 똑같은 말을 할 건가?" 그가 씩 웃으며 말했다. "맞아, 나디아. 그걸 우리는 '전례'라 부르지. 2천 년 동안 이어져 온 동작과 말이니까 분명히 다음 주에도 할걸?"

처음 두 달 동안 나는 전례와 사랑에 빠졌다. 주로 천주교와 루터교와 정교회와 성공회에서 유구한 예배 형식으로 공유하는 전례는 성도가 대대로 간수하여 우리에게 물려준 선물처럼 느껴졌다. 우리도 실천하고 간수하여 전수하도록 말이다. 이는 우리 전에도 오래 흘렀고 우리 후에도 오래 이어질 물줄기와도 같아서, 이 물에 뛰어들어 헤엄치면 우리도 앞서간 이들처럼 진리와 약속과 은혜의 언어에 흠뻑 젖을 수 있다. 전례는 또 내 안정을 허물어뜨림과 동시에 중심을 잡아 주었다. 내 정체성을 찾는 부분에서, 하나님을 통해 사람들과 연합함으로써 내 개인주의가 무너졌다. 신기하게도 하나님이 하신 일이다. 하나뿐인 특정한 신은 바로 그분이었다.

그런데 나는 찬송가를 잘 몰랐고 영 입에 붙지 않는 노래도 여럿 있었다. 넉 달 후 매튜와 내가 약혼을 발표하던 일요일에도 나는 마지막 찬송 때 일동과 함께 일어났으나 노래를 부르지 못했다. 십자가 담당자(입장 행렬과 퇴장 행렬에서 십자고상을 드는 사람)가 내 옆을 지나갈 때 그 뒤에서 씩 웃는 로스 목사가 보였다. 그는 내게 다가오더니 얼른 몸을 기울여 생글생글한 표정으로 속삭였다. "나디아, 목사 부인은 찬송가를 **전부** 부를 줄 알아야 돼요." 그러고는 눈을 찡긋하며 멀어져 갔다.

어느 일요일에 로스 목사는 성인 견진반을 모아서 가르치겠다고 광고했다. 세인트 폴 교회를 사랑하지만 루터교에 문외한인 나 같은 사람이 많았기 때문이다. 나르텍스(narthex)에 안내서가 비치되어 있다는 말에 나는 매튜에게 기대며 귀엣말로 물었다. "나르텍스? 그건 닥터 수스 책에서 나무 편을 드는 등장인물 아닌가?"

"로비를 말하는 거야." 그가 능글맞게 웃으며 말했다. "그것도 모르다니 견진반에 들어가야겠군."

머잖아 나는 내 모습에 어리둥절해졌다. 회복 중인 알코올 중독자 대신 교인으로 가득한 교회 지하실에 수요일 밤마다 자진해서 나갔으니 말이다. 수업 첫날 교실 칠판에 분필로 "은혜"라 쓰여 있었다. 로스 목사는 구식이라 화이트보드를 쓰지 않는다. 지금도 그는 설교 원고를 전부 타자기로 작성한다. 컴퓨터도 없다. 목사가 게이라는 말에 끌려 세인트 폴 교회에 처음 나가던 날, 나는 그가 그렇게 구닥다리일 줄은 몰랐다.

그는 칠판에 쓴 "은혜"라는 단어를 가리키며 말했다. "지금부터 제가 하려는 말은 모두 이 단어로 귀결됩니다." 나는 과연 그럴까 의심스러우면서도 그 말이 사실이기를 바랐다. 그때까지 내가 기독교 성직자에게 배운 내용은 대체로 이런 것이었다. 하나님이 나를 창조하셨으나 에덴동산에서 어떤 여자가 저지른 일 때문에 나까지 악해졌고, 그래서 내가 성난 심술보 하나님께 벌을 받지 않으려면 착해지려고

기를 쓰고 노력해야 한다. 은혜와는 전혀 무관했다.

나는 은혜를 교회에서 배운 게 아니라 술을 끊으려는 중독자들에게 배웠다. 그들은 자신의 의지를 하나님께 의탁해 힘들게 술을 끊었고, 그 후에는 영적 원리대로 살려고 최선을 다했다. 그들이 내게 가르쳐 준 사실은 나보다 위대한 힘이 존재한다는 것과 회복의 근원인 그 위대한 힘이 결국 내가 아니라는 것이었다.

지금까지 교회 지하실에서 내게 많은 일이 있었다. 첫 키스를 했던 곳, 성난 하나님을 무서워해야 한다고 교육받은 곳, 위대한 힘을 신뢰하는 법을 배운 곳, 그리고 이번에 다시 내 삶이 변화된 곳이 다 교회 지하실이었다. 로스 목사가 가르쳐 준 내용을 요약하면 이렇다.

- 은혜는 하나님이 우리에게 값없이 베푸시는 선물이다. 하나님의 사랑은 우리가 얻어내는 게 아니다. 우리는 선물을 받은 사람답게 살려 할 뿐이다.
- 아무도 영적 사다리를 오를 필요가 없다. 우리는 하나님이 필요 없어질 때까지 계속 수련해서 아주 영적인 사람이 되는 게 아니다. 우리가 죽고 새사람으로 태어나는 것은 영적 수련과는 다르다.
- 우리는 죄인인 동시에 성인이다. 항상 양쪽 다 100퍼센트다.
- 성경은 하나님이 아니다. 성경은 그리스도를 품고 있

는 요람일 뿐이다. 성경에서 예수 그리스도의 복음에 부합하지 않는 모든 부분은 아예 동일한 권위가 없다.

- 우리와 하나님의 관계는 항상 그분이 주도하신다. 예외가 없다. 우리의 경건이나 선을 통해서는 하나님과 가까워질 수 없다. 항상 하나님 쪽에서 우리에게 다가오신다. 특히 성만찬과 모르는 사람을 통해서 다가오신다.

(이상의 요점을 적어 놓고 외우면 비싼 돈 들여 루터교 신학교에 가지 않아도 된다.)

그 후로 쭉 나는 루터교인이다. 내가 삶으로 경험한 진리를 표현할 언어가 루터교에만 있기 때문이다. 그래서 이제 나는 로스 머클 목사를 나를 감염시킨 뱀파이어라 부른다.

다만 확실히 해 둘 게 있다. 은혜의 정의는 우리가 죄를 지어도 하나님이 용서하신다는 게 아니다. 은혜란 내 결함을 보완해 줄 온전한 상태의 근원이 하나님이라는 뜻이다. 내 결함은 자신과 타인을 넘어 지구에까지 상처를 입히지만, 그분의 은혜가 있기에 내 망가진 모습이 최종 결말은 아니다. 내 이기심으로 끝나는 게 아니라 하나님이 그 치부까지도 아름답게 변화시키신다. 은혜란 하나님이 인간을 흠 많은 존재로 지어 놓고 우리의 어쩔 수 없는 실패에 잔뜩 피해자 행세를 하다가 영웅처럼 끼어들어 이렇게 선심을 쓰는 게 아니다. "괜찮아, 내가 큰맘 먹고 용서해 주지." 은혜란 하나님의 이런 말씀과 같다. "나는 세상을 너무도 사랑하기에 너희 죄가 너희를 최종 규정하게 둘 수 없다. 나는 만물을 새롭게 하는 하나님이다."

루터교 뱀파이어에게 물린 지 얼마 안 되어 나는 약혼자인 루터교 유니콘과 함께 신학교의 어느 커플을 집에 초대해 저녁을 대접했다. 그 자리에서 말했듯이 나는 세인트 폴 교회와 로스 목사가 참 좋았고 그런 사람에게 루터교 신학을 배울 수 있어 좋았다. 내가 그들에게 치즈 엔칠라다를 한 그릇 더 담아다 준 뒤에 우리는 로스가 이메일도 사용할 줄 모른다며 한바탕 웃었다.

"그의 아내 밥은 무슨 일을 하지?"

내 물음에 셋이 한목소리로 "학교 교사지!"라고 답하며 웃었다. 목사 부인이 늘 학교 교사라는 것은 잘 알려진 전형이다.

"로스는 전통에 충실한 정통 루터교 목사야." 에이미조가 말했다. "그래서 그에게 닥친 그 일이 정말 엉터리였지."

설명을 들어 보니 2년 전에 로스는 혐의가 제기되어 교회 재판을 받았고, 그 결과 ELCA(미국복음주의루터교)의 공식 성직자 명부에서 제명되었다(그래도 그의 회중은 판결을 무시하고 그를 계속 목사로 임용했다). 로스는 공금을 횡령하거나 비서와 바람을 피운 게 아니다. 그가 위반한 죄목은 학교 교사 밥과의 일부일처 관계에 평생 헌신했다는 것이었다. 당시 ELCA 헌법에 따르면, 안수 받은 성직자는 독신으로 금욕 생활을 하거나 결혼해서 정절을 지키도록 돼 있었다. 로스와 밥의 결혼이 아직 법적으로 인정되기 전이었으므로 로스는 교단 헌법을 어긴 셈이었다.

"정말이야?" 나는 그렇게 묻고는 세 사람을 둘러보며 확실한 변호의 말을 기다렸다. "그런 쓰레기 같은 소리라면 제단 초청, 여성 혐오와 함께 이미 사라진 줄 알았지." 그날 저녁 내내 나는 배신당한 중학교 2학년 학생마냥 씩씩거렸다.

세인트 폴 교회에서 받은 견진 교육, 로스 머클의 너그러운 수용, 복음과 성만찬이 내게는 모두 하나님이 다시 내려와 내 어깨를 두드리며 "잘 봐라, 너를 위한 것이다"라고 말씀하시는 것처럼 느껴졌다. 그게 천국처럼 느껴져서 루터교와 온통 사랑에 빠져 있었다. 그런데 이제 갑자기 그것이 영화에서 서로의 단점을 까맣게 모르는 커플이 들꽃 만발한 들판을 손잡고 달리는 그 지루한 5분처럼 느껴졌다. 그 장면이 끝나는 순간 불길한 일이 닥치리라는 것을 관객은 안다. 제기랄! 루터교가 내 청소년 시절의 보수 기독교와 사뭇 달라서 행복했건만, 이제 그 장면은 끝나고 나는 루터교를 그리스도의 교회와 똑같은 범주에 넣어야 했다. "나쁜 사람들"이라는 꼬리표를 붙여서 말이다.

"교회가 정말 아름다운 구속(救贖)의 장일지도 모른다는 희망을 품었는데 그게 다 물거품이 된 것 같아요." 로스 목사의 사무실에서 나는 모임 중에 그렇게 말하면서 그도 비슷하게 격노할 줄로 알았다. 그런데 겸손하고 지혜롭게도 그는 하나님이 망가진 사람들과 망가진 제도 속에서도 여전히 우리를 구속하시고 만물을 새롭게 하신다고 답했다. 우리는 자꾸 이상론을 내세우지만 그분은 늘 그런 식으로 일해 오셨다는 것이다. 그는 루터교에서 가르치는 은혜를 철석같이 믿었기에, 교단의 결점 때문에 그 가르침까지 매도당하게 할 마음이 없었다. 이 믿기 어려운 모습에 감동하여 나는 ELCA를 등지지 않았다. 그래도 여전히 화나 있었다.

"떠나야 할 만큼 교단의 오류가 크지는 않아. 이 정도의 오류면 우리가 남아서 변화를 위해 싸워야지." 나중에 매튜가 내게 한 말이다.

매튜와 결혼하여 두 아이를 낳고 대학과 신학대학원을 마치고 안수 받고 '모든 죄인과 성인의 집'(House for All Sinners and Saints)이라는 교회를 개척하기까지 13년이 흐른 후, 나는 침대에 앉아 2009년 ECLA 총회(교단 입법 기구) 모임을 생중계로 봤다. 그들은 기도하는 마음으로 투표하여 성적 지향에 대한 헌법 규정을 개정했다. 이제 회중이 원하면 동성애 관계에 평생 헌신한 성직자도 목사로 초빙할 수 있게 한 것이다.

나는 즉시 우리 교인 스튜어트에게 전화했다. 그는 남자친구 짐과 함께 우리 교회에 온 지 얼마 안 돼서부터 리더로 섬기고 있었다. 그가 한껏 드래그 퀸(여장 남성─옮긴이) 같은 목소리로 "감사합니다, ELCA!"라고 외치는 바람에 나까지 빵 터졌다.

감사합니다, ELCA! 이 말은 우리 교인끼리만 아는 농담이 됐다. 모든 죄인과 성인의 집은 금세 루터교 교계에 유명해졌다. 우리를 사랑하는 이들에게만 아니라 미워하는 이들에게도 이름이 났다. 우리를 사랑하는 이들은 전례의 창의성과 자유에 감동했지만, 우리를 미워하는 이들은 내 성별을 못마땅해했고("여자목사"라는 말이 그래서 나왔다) 우리가 게이를 환영하는 것도 싫어했다. 각자의 입장을 블로그에 자주 올린 점은 양쪽이 같았다. 그즈음 내가 교인들에게 소개한 블로그 게시물에 이런 글이 있었다. "ELCA가 이런 '교회'에 돈을 낭비하다니 어이가 없다. 동성애에 개방적인 것으로 봐서 모든 죄인과 성인의 집은 성경을 내다 버린 게 분명하다."

"우리 교회 위로 돈이 쏟아지는 사진을 필히 연출해 봐야겠네요. '감사합니다, ELCA!'라고 쓴 큼직한 팻말도 옆에 세우고요!" 그 글을 읽어 주고 나서 내가 한 말이다.

스튜어트가 우리 교회의 환영 사역부장으로 뽑힌 데는 그만한 이유가 있었다. 게이인 그는 한 걸음 더 나아가 이렇게 말했다. "아니죠. 모든 교인이 샴페인 잔을 들고 춤추는 동안 나디아는 성경책을 창밖에 내다 버리고 천장에서는 돈다발이 우르르 쏟아지는데 황금빛 삼각팬티를 입은 근육질 남성 무용수가 '감사합니다, ELCA!' 팻말을 들고 있어야죠." 이렇게 해서 우리끼리만 아는 농담이 또 하나 생겨났다.

모든 죄인과 성인의 집에는 이래저래 교회에서 상처받

은 사람이 많다. 스튜어트처럼 그리스도인에게 소위 동성애 전환 치료를 받아야 했던 피해자도 여럿 있고, 하나님의 기준에 미달이라는 말을 들은 이들도 있다. 말할 것도 없이 교인의 절대다수는 우리 교회에 처음 나올 당시에 교회에 다니지 않고 있었다. 다시 말해서 그들은 1996년 봄 오클랜드의 세인트 폴 교회에 처음 들어설 때의 나와 같았다.

모든 죄인과 성인의 집은 아무도 자신의 개성이나 "비기독교적인" 듯한 이력을 문간에 맡기고 들어갈 필요가 없는 곳이어야 한다. 내게는 그게 중요했다. 여기서만은 규정의 준수 여부가 공동체 생활의 핵심이 되어서는 안 된다. 하지만 내가 아무리 우리 교회를 사랑해도 결국 인간이 하는 일에 관한 한 나도 이상주의자는 아니다. 아무리 의도가 좋거나 포용적이어도 모든 인간 공동체는 우리를 실망시키게 되어 있다. 단 내 삶과 세상을 구속하시는 **하나님**에 대해서만은 나는 완전히 이상주의자다.

분기별로 열리는 환영 행사에서 실제로 우리는 새 교인에게 이렇게 묻는다. "이 교회의 어떤 점에 마음이 끌리셨나요?" 대개 그들은 노래, 공동체, 찬양 밴드가 없는 것, 있는 그대로의 자신이 편하게 느껴진다는 사실 등을 꼽는다. 웃음이 많고, 드래그 퀸들이 있고, 껄끄러운 진실을 말할 수 있고, 누구나 환영받고, 서로를 위해 기도하는 곳이라는 점도 좋다고 말한다.

환영 행사의 마무리 발언은 늘 내 몫이다. 그들에게 나는 모두의 말을 잘 들었으며, 나 또한 내 이력을 가감하지 않고도 받아들여질 수 있는 영적 공동체에 속해 있어서 좋다고 말한다. 다만 일찍이 내가 앨비언 바빌론과 그리스도의 교회라는 양극단의 공동체에서 배운 교훈이 있기에 꼭 곁들이는 말이 있다. 이 공동체는 그들을 실망시킬 것이다. 시간 문제일 뿐이다. 교인들이 그들을 실망시키든지, 아니면 내가 바보 같은 말로 그들의 감정을 상하게 할 것이다. 이어지는 내 권면은 나중에 어쩔 수 없이 실망한 후에도 교회에 남을지를 지금 미리 정해 두라는 것이다. 기대에 못 미치는 우리 때문에 떠나기로 한다면 그들은 하나님의 은혜가 들어와 공동체의 실패가 남긴 균열을 메우는 과정을 보지 못할 텐데, 그거야말로 놓치기에는 너무나 아름답고 생동감 넘치는 모습이다.

"모든 죄인과 성인의 집에 오신 것을 환영합니다. 우리는 여러분을 실망시킬 것입니다."

ELCA 헌법이 개정된 지 몇 달 후에 캘리포니아주 북부를 관할하는 루터교 주교에게서 내게 이메일이 왔다.

나디아 목사님,
현재 이곳 샌프란시스코에서 성소수자 여섯 명을 정식으로 ELCA 성직자 명부에 올리기 위한 축제 성찬식과 승인 의례를 계획 중입니다. 그때 세인트 폴 루터교회의 로스 머클 목사도 함께 성직자 명부에 복원될 예정입니다.

그들이 당신을 행사의 설교자로 불러 달라고 요청했습니다. 설교를 맡아 주시겠습니까?

나는 "네, 물론입니다"라고 답신을 보냈다.

그런데 그들이 설교 본문을 알려 왔을 때 내 마음이 철렁했다. 마태복음에 나오는 하나님 나라에 대한 비유였는데, 하나님 나라는 다루기 어려운 주제다. 나는 늘 그것이 천국에서 착한 사람에게 주어질 상을 가리킨다고 배웠으나, 실제로 성경을 직접 읽어 보니 그럴 리는 거의 없다. 하나님 나라가 교회를 대변한다고 말하는 이들도 있고, 세상을 온전하게 하시려는 하나님의 꿈이며 그 꿈이 지금 여기 우리 가운데서 조금씩 이루어지고 있다고 말하는 이들도 있다. 내가 보기에 다 맞는 말이다.

하나님 나라에 대한 그 비유는 이런 내용이다. 어떤 집주인이 아침에 나가 하루 품삯을 주기로 약속하고 품꾼을 얻는다. 몇 시간마다 나가 보니 일꾼이 더 있기에 그들도 들여보낸다. 오후에 또 장터에 가니 놀고 서 있는 사람들이 보인다. "너희는 왜 일하지 않느냐?"는 물음에 그들은 "우리를 품꾼으로 쓸 사람이 없어서요"라고 답한다. 그는 그들도 포도원으로 보내 남은 두 시간만이라도 일하게 한다. 하루 일이 끝나 집주인이 모든 품꾼에게 품삯을 똑같이 주자 아침부터 온종일 땡볕에서 일한 사람들이 발끈한다. 대낮까지 자다 와 늦게부터 일한 사람들과 똑같이 취급당했기 때문이다. 그러자 집주인은 "내가 너그러이 베풀겠다는데 너희가 화를 내다니 제정신인가?"라고 되묻는다. 비유는 "나중 된 자로서 먼저 되고 먼저 된 자로서 나중 되리라"는 말로 끝난다. 결국 바로 그것 때문에 대다수 사람이 은혜를 믿지 않는다. 은혜는 지독히도 거슬린다.

하지만 설교자의 본분은 청중에게 기쁜 소식을 전하는 것이다. 기쁜 소식의 핵심은 하나님이 누구시고, 어떻게 일하시며, 과거에 무엇을 행하셨고, 앞으로 무엇을 행하실 것인가가 되어야 한다(그보다 "이런 문제가 있으니 우리는 이렇게 대처하면 됩니다"가 더 설교로 통하는 경우가 많은데, 내게는 그것이 한 번도 "기쁜 소식"으로 들린 적이 없다). 그래서 성찬식 본문을 받았을 때 내 마음이 철렁했던 이유는 이렇다. 혹시 나더러 다른 종류의 기쁜 소식을 전해 달라는 뜻으로 이 본문을 선정하지 않았을까 걱정됐던 것이다. "하나님이 성소수자인 이들을 너그럽게 대하신다는 이유로 발끈하는 모든 사람은 이제 순순히 받아들이세요. 지금까지 나중 되었던 우리가 이제 먼저 되겠습니다!"라고 설교하며 주먹 인사라도 나누라고 말이다.

루터교에서 내게 가르쳐 준 은혜의 개념 자체에 그런 문제가 내포되어 있다. 은혜는 가시가 있으면서 동시에 위안이 될 수 있다. 내 근본주의 성향대로 하자면 나는 늘 인간을 두 범주로 나눠 꼬리표를 붙이고 싶을 것이다. 이 경우 게이를 혐오하는 보수 진영은 나쁜 사람이고 게이를 사랑하는 진보 진영은 착한 사람이 되리라. 나라면 늘 인간과 사건을 그 두 범주에 넣을지 모르지만, 행여 하나님의 분류 체계도 똑같다고 생각한다면 오산이다.

언젠가 매튜는 바보 같은 사람들의 잘못된 견해를 평소보다 논리적으로 성토하는 내게 이렇게 말했다. "나디아, 문제는 우리가 우리와 그들 사이에 선을 그을 때마다 예수님은 늘 저쪽 편에 계시다는 거야." 제기랄.

나는 하나님 나라도 나 자신도 ELCA도 더 품위 있고 영적이었으면 좋겠다. 그래야 맞을 것 같다. 하지만 내가 배웠듯이 하나님 나라도 이 비유처럼 일터에 더 가깝다. 그곳에 가득한 A유형 성격의 사람(성질이 급하고 경쟁적이며 공격성과 성취욕이 강하다—옮긴이)은 패리스 힐튼에 맞먹는 권리 의식에 찌들어 있는 반면, 직무 태만자들은 걸핏하면 담배 피운다고 휴식하며 로또에 돈을 들인다.

그래도 내가 결국 루터교에 남아 특정 부류의 목사가 되려 한 데는 다음 사실도 작용했다. 루터교가 하나님 나라인 이유는 구성원의 자질 때문이 아니다. 루터교인이 복된 이유는 한때 내가 생각했던 것처럼 그들이 나를 양육한 그리스도의 교회 사람들과 어딘지 달라서가 아니다. 우리 **모두가** 복된 이유는 비유 속의 집주인처럼 하나님이 오셔서 우리를 불러 주시고 어깨를 두드리며 "잘 봐라, 너를 위한 것이다"라고 말씀하시기 때문이다. 우리가 멍청하든 똑똑하고 성실하든 관계없이 있는 그대로의 우리에게 말이다. 그날 내 설교도 바로 이런 내용이었다.

샌프란시스코 세인트 마크 루터교회의 웅장한 강단에 서서 나는 교회의 리더가 될 길이 부당하게 막혔던 이들의 얼굴을 쭉 봤다. 축제를 직접 보려고 덴버에서 온 스튜어트와 짐의 얼굴도 보였다(조금 전에 그들은 사제복을 차려입고 행진 준비를 마친 백여 명의 성직자와 함께 밖에 서 있다가 나를 보고 활짝 웃으며 말했다. "대단한 행사 같은데 설교자가 당신이네요?"). 내 시선이 사랑하는 로스 머클에게 이르자 그는 눈을 찡끗해 보였다.

침을 꿀꺽 삼킨 뒤 설교를 시작했다. 나는 오늘 본문이 품꾼의 비유가 아니라 집주인의 비유라고 말했다. 이것이 하나님 나라인 이유는 품꾼의 자격이나 경건이나 사회 정의나 노동 때문이 아니다. 그런 것은 하나도 중요하지 않다. 이것이 하나님 나라인 이유는 집주인이 헤퍼서 도저히 장터를 떠나지 못하는 데 있다. 그는 몇 번이고 다시 와서 사람들을 부르고 인생에 간섭한다. 은혜가 우리의 어깨를 두드린다.

나를 은혜에 눈뜨게 한 사람을 포함한 일곱 목사에게 내가 따로 환기시켰듯이, 하나님 나라는 죄인이자 성인인 이들이 하나님과 화목해지고 서로 화목해지는 바로 그 순간과 같다. 하나님 나라는 그분이 만물을 새롭게 하시는 바로 그 순간과 같다. 결국 하나님 나라에서 그들의 소명과 가치는 교단이나 동역자의 승인에서 나오는 게 아니라 하나님이 오셔서 그들을 부르신 결과다. 그들을 규정하는 것은 하나님의 순전하고 불가해한 자비다. 바로 그분이 "잘 봐라, 너를 위한 것이다"라고 말씀하신다.

6

×

허리케인과 수모

누가 이 세상의 재물을 가지고 형제의 궁핍함을 보고도
도와줄 마음을 닫으면 하나님의 사랑이 어찌 그 속에 거
하겠느냐. 자녀들아, 우리가 말과 혀로만 사랑하지 말
고 행함과 진실함으로 하자. ―요한일서 3:17-18

2005년의 어느 가을날 나는 로리 공군 기지에서 차를 몰고
돌아오면서 자축에 들떠 있었다(내가 신학교에 막 입학했을 때였
고 두 자녀 하퍼와 주다는 다섯 살과 일곱 살이었다). 자연재해 피해자
이자 임신까지 한 불우한 흑인 십대 소녀(와 아버지)를 내가
구조했기 때문이다. 게다가 이제부터 나는 그들에게 새로운
삶까지 가져다줄 참이었다. 이거야말로 백인 진보 특권층의
꿈인데, 내가 그것을 보란 듯이 해낸 것이다. 그런데 갑자기

내 혼다 차에서 마치 따귀라도 힘껏 올려붙이듯 탁 하는 소리가 났다. 차주라면 누구라도 듣고 싶지 않은 소리였다.

차 안이 이상하게 점점 더워졌다. 방금 에어컨이 고장 났다는 것을 결국 더는 부인할 수 없었다. 내가 전조를 믿는 사람이라면 이미 무슨 조치를 취했을 것이다. 〈브레이디 번치〉(1970년대의 텔레비전 시트콤—옮긴이)의 하와이 편에서 티키(장승 모양의 신성한 조형물—옮긴이)를 본 사람들처럼 말이다. 나는 전조를 믿긴 하는데 늘 뒷북을 칠 뿐이지 당장 주의하지는 않기 때문에 사실상 전조가 있으나 마나다. 대개 내 삶 속의 티키를 무시하다가 문제를 키운다.

내가 떠나온 덴버 외곽의 폐쇄된 공군 기지는 허리케인 카트리나의 수재민이 많이 수용된 곳이었다. 그 주 초에 나를 비롯한 모든 미국인은 텔레비전에서 쏟아져 나오는 죽음과 재난의 영상을 보며 기겁했다. 국내에서 벌어진 일이었다. 세상 수많은 곳에서 날마다 겪는 고난을 이번에 미국이 아주 조금 맛보았을 뿐인데도 우리는 경악했다. 남편 매튜네 교회 사람들은 일주일 내내 우리에게 전화해 무상 거주지, 주방 용품, 의복, 돈, 수재민의 일자리 등을 지원하겠다고 했다. 그런데 이런 자원을 어떻게 그것이 필요한 이들과 맺어 주어야 할지를 아무도 몰랐다. 우리가 지원할 품목을 전국의 한 웹사이트에 등록해 놓고 그냥 기다리는 수밖에 없다는 게 내게는 어이없어 보였다. 정부 관료가 마침내 양쪽을 이어 주려면 석 달은 걸릴 텐데, 이런 자원을 당장 활용할 수 있는 수재민이 우리 지역으로 속속 후송되고 있었다. 그래서 나라도 당장 나서기로 했다.

지붕 위에 고립된 사람들의 영상, 잔해로 뒤덮인 물 위에 떠 있거나 시트에 덮여 지옥 같은 대경기장 통로에 놓인 시신들의 영상을 누구도 차마 볼 수 없었다. 한 가정이라도 이곳 콜로라도에서 새로운 삶을 시작하도록 도울 수 있다면, 나는 그런 영상에 따라오는 부담에서 해방될 뿐 아니라 자원이 적체되는 폐단도 바로잡는 셈이다. 정부의 대응이 무기력하니 나라도 용감하게 이 기막힌 재난에서 피해자를 구조하고 싶었다.

그래서 적합한 가정을 찾아 나섰다. 개인은 제외였다. 에이머리를 봤을 때 이 가정이다 싶었다. 뉴올리언스에서 온 그 16세 소녀는 임신한 지 거의 8개월째였다. 공군 막사에서 만났는데 마침 그녀는 줄을 서 있다가 적십자사 자원봉사자에게 막사 말고는 거처가 없느냐고 물었다. 그들이 없다는 것을 내가 찾아 주겠다고 했다(슈퍼히어로의 등장을 알리는 음향 효과를 삽입하라!).

커피아이스크림색 피부에 예의바르고 말씨가 부드러운 에이머리는 아파트에 가구가 완비되어 있고 월세가 6개월간 면제되며 생활비까지 지원된다는 내 말에 관심을 보였다(며칠 전 매튜네 교회에서 나는 단 한 번의 광고로 정확히 현금 2천 달러를 모았다). 나는 그녀에게 이 혜택을 곁에 있는 아빠와 함께 누릴 수 있다는 점까지 확실히 알려 주었다. 그날 오후 늦게 그녀가 내게 전화해 제의를 받아들이겠다고 했고, 그래서 나는 대용량 쓰레기봉투 두 개에 가득한 짐과 함께 부녀를 차에 태웠다. 그렇게 셋이서 우리 집으로 가던 길이었는데 차가 찜통처럼 더워진 것이다. 이제 그들을 구조했다는 흥분은 시들해지고, 약간 불안하고 멍한 기분만 남았다. 마치 영화 〈졸업〉에서 더스틴 호프먼과 캐서린 로스가 시내버스를 타고 달아나는 마지막 장면 같았다.

에이머리의 어머니는 알코올 중독자인데 넉 달째 실종된 상태라서, 피부가 검고 말수가 적은 아버지 하워드가 뉴욕 브롱크스에서 와서 그녀를 돌보고 있었다. 부모는 결혼한 사이가 아니었다. 에이머리의 설명에 따르면 하워드가 늘 연락하며 형편 되는 대로 돈을 보내 주었는데, 뉴욕에서 마약을 거래한 전과가 있는 데다 당분간 와 있던 중이라 이때는 형편이 어려웠다.

하워드가 뉴올리언스에 온 지 한 달밖에 안 됐을 때 허리케인이 몰려왔다. "얘가 멍청해서 이 지경을 자초했으니 내가 그냥 떠났어야 되는데." 그는 펄펄 끓는 차 뒷좌석에 앉아 있는 임신한 딸 쪽으로 손을 내저으며 내게 말했다. 그전에 둘은 휴스턴까지 갔으나 차가 고장 나는 바람에 거기서부터 친구가 덴버까지 태워다 주었다.

이후 6주 동안 나는 다른 두 여자 교인과 함께 에이머리를 돌봤다. 출산 교실과 볼더고등학교의 청소년 부모 프로그램에 등록해 주었고, 좋은 산부인과 의사의 진료도 예약해 주었다. 그녀는 자주 우리 집에 머물렀다. 덴버에서 일자리를 얻은 하워드는 거의 항상 막사에서 지냈다.

에이머리는 우리 두 아이와 아주 잘 지냈다. 몇 시간씩 보드 게임도 하고 느긋이 앉아 고양이를 예뻐하기도 했다. 하지만 출산일이 임박했는데 아버지가 차도 없는 딸을 마냥 혼자 두는 게 나는 걱정됐다. 그녀는 자신이 어떻게 살아왔는지 일절 말하지 않았고, 마약 중독과 공영 주택(저소득층을 위해 정부에서 운영하는 저렴한 임대 주택─옮긴이)에서 벗어나고 싶다고만 했다. 콜로라도에 남고 싶다고도 했다.

그런데 앞뒤가 맞지 않는 부분이 있었다. 에이머리는 어머니를 찾으려 하지 않았고, 아버지는 거의 곁에 없는 데다 가끔 만날 때도 딸에게 지독히 매정했다. 또 그들은 무상 아파트와 많은 식료품 상품권 외에 FEMA(연방재난관리청)에서 4천 달러를 받았는데도, 며칠에 한 번씩 자꾸 돈을 더 요구했다. 게다가 웬만한 십대 아이와 달리 에이머리가 문자를 받을 때마다 보이는 화급한 반응은 친구 사이의 시시콜콜한 대화보다 전시(戰時)의 전보를 더 연상시켰다. 이런 의문이 들 때마다 나는 그저 내가 흑인 빈곤 문화를 몰라서 그런 줄로만 알았다.

하워드는 곧 막사 근처에서 여자친구를 사귀었는데, 그녀를 만났을 때 나는 마음이 불편했다. 그녀는 멘톨 담배 냄새를 풍겼고, 머리를 금발로 염색해 질끈 묶었으나 10년은 더 늙어 보였으며, 학교에 다니지 않는 것 같은 열 살배기 아들을 데리고 있었다. 내게는 완전히 정서가 불안한 여자로 보였고, 에이머리가 그녀와 함께 있으려 하는 이유도 나로서는 이해가 안 되었다. 뻔히 그녀를 좋아하는 에이머리를 내가 막을 수야 없었다.

대림절 첫날에 에이머리의 진통이 시작됐다. 집 없는 십대 미혼모가 아기를 낳는 시점이 마침 교회가 집 떠난 다른 십대 미혼모를 기억하는 절기와 일치한다는 게 잘 어울려 보였다. 에이머리는 용감하게 진통제를 거부한 채 진통이 올 때마다 아주 침착하고 꿋꿋하게 견뎌 냈다.

두 여자 교인과 출산 교실 강사와 하워드의 여자친구(물론 열 살배기 아들도)가 다 곁에 있었으나 하워드는 "어디서 술이나 마시고" 있다고 했다. 몇 시간째 진통만 있고 진전은 없어 나만 남고 모두 집으로 돌아갔다. 최소한 아침까지는 아무 일 없을 거라는 의사의 말이 있었다. 두 시간 후에 에이머리는 의사가 권하는 대로 마취제를 맞았다. 그런데 통증이 사라진 대신 마취제의 부작용으로 공황 발작이 일어났다. 10분도 안 되어 태아의 심박수가 위험한 수준으로 떨어졌다. 우리는 급히 수술실로 달려갔고 내게도 수술복이 주어졌다. 수술실 특유의 고주파 소음 속에서 앞일을 예측할 수 없었다. 나는 연신 에이머리의 뺨을 어루만지며 내가 여기 있다고, 다 괜찮을 거라고 말해 주었다. 내가 두 아이를 낳느라 진통할 때마다 매튜가 내게 똑같이 했었다. 그러잖아도 주위가 어수선한데 태아의 모니터에서 불길한 소리까지 더해졌다. 꼭 점점 느려지는 불규칙한 시계 소리 같았다. 의료진이 제왕 절개를 다 마치는 데 평생이 걸린 것 같았다. 마침내 그들은 소리 지르는 예쁜 아이의 몸에서 소리 지르는 예쁜 아이를 꺼냈다. 둘 다 무사했다. 새 생명이 태어나는 순간 에이머리도 울고 나도 울었다. 영혼으로 그 순간을 공유했다. 이 산모와 아기를 우리가 돌보리라. 에이머리의 아빠가 못 하면 우리라도 반드시 이 어린 딸에게 복된 삶을 열어 주리라. 아기가 태어났을 때 에이머리가 처음 던진 질문은 "건강해요?"였고 두 번째 질문은 "피부가 검어요?"였다.

딸과 함께 이틀 밤을 우리 집에서 보낸 에이머리는 (너무 어이없게도) 당분간 아버지의 여자친구와 함께 살기로 했다. 목요일에 떠났는데 그 밤에 내가 자려고 누웠을 때 전화가 왔다. 에이머리가 그렇게 허둥대는 건 내가 그녀를 안 뒤로 처음이었다.

"문제가 생겼어요. 만나 주세요." 그녀의 말에 나는 아기가 잘못됐구나 싶어 덜컥 겁이 났다. 그녀는 아기는 괜찮다면서 직접 만나서 말하겠다고 했다. 내 도움이 필요하다는 것이었다. 나는 여태 열 일 제치고 돕던 마음이 갑자기 싹 사라지고 이 생각만 들었다. '무슨 소리야? 한 달 반 동안 아무것도 못 하고 너만 돕느라 녹초가 됐어. 당장 잠을 못 자면 사람 구실도 못 하게 생겼다고.' 막상 내 입에서 나온 말은 "기다려, 갈게"였다. 이웃에게 우리 집에 와서 두 아이를 봐 달라고 부탁한 뒤 매튜가 모는 차로 고속도로 나들목으로 갔다. 에이머리가 우리를 기다리고 있겠다고 한 곳이었다.

에이머리와 하워드의 여자친구가 아기와 함께 뒷좌석에 올라탈 때 비가 내렸다. 에이머리는 울고 있었지만 아기는 조용했다.

"문제가 생겼어요. 도와주세요." 또 그 말이었다.

이어지는 말을 들어 보니 그녀의 이름은 에이머리가 아니라 애슐리였고, 하워드는 아버지가 아니라 아기의 생부였으며, 옆 사람은 하워드의 여자친구가 아니라 에이머리의 어머니였다. 어머니의 포주인 하워드가 에이머리를 강간했다. 그녀의 나이도 열여섯이 아니라 열다섯이었다. 강간당할 때는 열네 살이었다는 뜻이다. 게다가 그들은 뉴올리언스에서 온 게 아니라 다 덴버 사람이었다. 하워드가 처음부터 작정하고 그녀를 내세워 사기를 쳐서 결국 FEMA에서 4천 달러를 받아 냈다. 그녀가 내게 전말을 털어놓는 중에도 전화기에서 계속 진동음이 울렸고, 그때마다 그녀는 몸을 움찔했다. 하워드가 보내는 문자였다.

"우리는 그 사람에게서 벗어나고 싶어요." 에이머리가 말했다. "도와주시지 못하겠다면 할 수 없지만 어떻게 해야 될지 모르겠어요."

평소 나는 거짓말하는 사람이라면 질색인지라 그녀의 입에서 말이 더 나올 때마다 내 마음도 더 좁아지고 완고해졌다. 지난 6주간에 있었던 모든 일을 몇 초 만에 떠올리려 애썼다. 다시 말이 되게끔 이야기를 되뇌어 보려 했다. 도대체 내가 뭘 한 거지? 매튜네 교회에서 준 돈은 다 뭐가 되나? 출산 교실과 고등학교에 등록할 때 내가 그녀를 카트리나 생존자라고 소개한 것도 말짱 거짓말이 아닌가? '당신네는 적십자사에 25달러를 기부했을지 모르지만 나는 뉴올리언스 출신의 임신한 십대 소녀를 이렇게 실물로 돕고 있거든요'라는 뜻이나 마찬가지였는데, 알고 보니 오히려 내가 덴버의 포주와 매춘부에게 사기당하고 있었던 것이다.

우리는 경찰에 전화했고, 경찰은 에이머리와 딸과 어머니를 학대당하는 여성을 위한 보호소로 인도했다.

그 뒤로 다시는 그들을 보지 못했다.

집으로 돌아오는 길에야 매튜와 나는 정신이 번쩍 들었다. 하워드의 두 피해자가 마지막으로 머물던 곳이 우리 집이고 하워드도 그걸 아는데, 지금 우리 두 아이가 거기에 있었던 것이다. 전속력으로 달리며 아이들이 무사하기를 기도했다. 1월의 그 목요일 밤 비에 젖은 길은 전에 없이 멀게만 느껴졌다.

집까지 네 블록 남은 지점에서 경찰차 여러 대가 불빛을 번쩍이며 마주 오는 것이 보였다. 우리 집 쪽으로 방향을 꺾는지 보고 있자니 숨이 잘 쉬어지지 않았다. 다행히 그들이 내처 지나가 둘 다 안도의 한숨을 토했다. 나는 북받치는 울음을 주체할 수 없었다. 집으로 달려 들어가 두 아이를 부랴부랴 안고 나와서 사흘 밤을 내 부모님 집에서 잤다.

감정의 갈피가 잡히지 않을 때가 있다. 여러 감정이 평소처럼 순순히 섞이지 않기 때문이다. 나는 사기당한 게 화나고 창피했다. 가녀린 소녀와 아기가 허리케인보다 훨씬 더 비참한 상황의 피해자가 된 게 못내 슬펐다. 그러면서도 더는 그녀를 돕고 싶지 않은 내 마음에 실망했다. 하지만 나는 거짓말하는 사람이라면 질색이었고, 나를 속이는 사람이 지금도 싫다.

다음 일요일에 나는 매튜네 교회 사람들을 볼 면목이 없었다. 하루 전의 이메일을 통해 그들도 에이머리 상황의 전말을 알고 있었다. 그들이 그냥 냉담하게 나를 피할 때는 그나마 나은데, 내게 "상심하지 말라"고 말해 줄 때는 더 민망했다. 누구와도 눈을 마주치지 않으며 들어가는데, 여태 별로 대화해 본 적 없는 한 나이 든 여자가 내게 다가왔다. 경건한 분홍색 드레스에 하이힐 차림이었다. 나는 마음의 준비를 했다.

"나디아." 그녀의 말에 쉽게 잊히지 않을 친절이 배어 있었다. "하나님은 이것을 통해서도 영광을 받으셨어요. 지난 한 달 동안 에이머리가 우리 공동체의 사랑을 받지 못했다면 끝내 그 사람을 떠날 용기를 내지 못했을지도 몰라요. 어쩌면 그들도 이제 자신이 과거처럼 살 수는 없는 존귀한 존재임을 알았을 겁니다."

기어이 눈물이 터졌다.

하나님은 우리가 알아야 할 것을 사람들을 통해 말씀하실 때가 많은 것 같다. 그 일요일에 내가 알아야 했던 것은 내가 실패한 게 아니라 나도 모르게 뭔가 귀한 일을 했다는 것이었다. 그래도 그 상황에 일조한 모든 배신 중에서 내가 나를 배신한 게 가장 괴로웠다. 앞뒤가 맞지 않는 부분이 너무 많았다. 내 머릿속의 보안 분석가가 자꾸 뭔가 잘못됐다고 말하는데도 나는 듣지 않았다. 심지어 영웅 행세를 하려고 내 두 자녀를 위험한 상황에 몰아넣기까지 했다. 그런 나를 아직 다 용서하지 못했지만 노력 중이다.

예수님은 우리를 불러 나그네를 환대하고 이웃을 섬기라 하신다. 카트리나 사건 동안 텔레비전 영상이 우리에게 들이민 질문이 있다. 누가 이웃인가? 그리스도인으로 산다는 것은 생각보다 훨씬 어렵다. 우리는 가난한 사람을 돌보도록 부름받았다. 하지만 내 자녀가 위험해져도 빈민에게 집을 개방해야 할까? 우리는 내게 죄짓는 이들을 용서하고 원수를 사랑하도록 부름받았다. 나를 해치고 배신한 사람과 도로 함께 살아가야 한다는 뜻일까? 아니면 그냥 상대를 저주하지만 않으면 될까? 나는 에이머리를 정말 사랑했지만 애슐리도 사랑할까? 내 사랑이 다분히 영웅 심리에서 비롯한 것은 괴롭지만, 그래도 사랑이었던 것만은 부정할 수 없다.

더 훌륭한 그리스도인이라면 어쨌든 그녀를 사랑해서 계속 돕고 싶을 것이다. 부실한 그리스도인이라면 갈등할 것이고, 아마 상처도 좀 받았을 것이고, 애슐리가 잘되기를 바라면서도 조만간 다시 찾아오기를 바라지는 않을 것이다. 나는 부실한 그리스도인이지만, 이 정도로도 충분했으면 좋겠다. 우리가 부름받은 대로 긍휼히 여겨야 할 대상에는 자신도 포함되기 때문이다.

그 뒤로 한동안 우울하고 의기소침했다. 언니에게 전화했더니 언니는 하나님이 우리의 승리만큼이나 수모도 쓰신다며 다독여 주었다. 약 올리는 말처럼 들릴 수도 있지만 그 말이 맞을 것이다.

7

×

"빌어먹을 진실 따위"

그 죄는 이것이니 곧 빛이 세상에 왔으되 사람들이 자기 행위가 악하므로 빛보다 어둠을 더 사랑한 것이니라. 악을 행하는 자마다 빛을 미워하여 빛으로 오지 아니하나니 이는 그 행위가 드러날까 함이요 진리를 따르는 자는 빛으로 오나니 이는 그 행위가 하나님 안에서 행한 것임을 나타내려 함이라. ─요한복음 3:19-21

"우리 집에는 왠지 싱크대가 둘이야. 유대교와 상관있다나 뭐라나." 캔디스가 사발에 내가 먹을 시리얼을 부으며 말했다.

물론 맞는 말이다. 싱크대가 둘인 건 유대교와 상관있다. 코셔(유대교 율법에 적합한 식생활 규정─옮긴이) 주방에는 싱크대가 둘이고 대개 냉장고도 둘이다. 식기세척기도 둘이거나, 만일 하나라면 최소한 육류에 닿은 식기가 유제품에 닿지 않도록 랙을 갈아 끼우게 되어 있다. 이 모두는 새로 신학교 교육을 받으면서 내게 생겨난 (대부분 쓸모없는) 종교 지식이다. 나는 스포츠나 정치에 대해서는 거의 문외한이지만 친구 캔디스네 집에 싱크대가 둘인 이유는 말할 수 있다.

두 달 전에 캔디스와 남편이 화려하게 개조된 그 3층짜리 현대식 주택을 구입한 이유는 개방 결혼(부부가 합의하에 서로의 혼외 관계를 인정하는 결혼—옮긴이)으로 관계를 유지하기 힘들어지자 50만 달러 주택 융자로라도 파경을 막아 볼까 해서였다. 결국 그것도 부질없었다.

캔디스가 주방에 대해 잘 몰랐던 것은 뉴잉글랜드(미국 동북부 6개 주를 통칭하는 말—옮긴이)에서 집사를 많이 거느린 집에서 자랐기 때문이다. 평생 그녀는 정서적인 부분만 빼고는 부족한 것은 무엇이든 살 수 있었다. 빨간 머리에 관능적인 그녀는 딱 달라붙는 티셔츠와 짧은 치마를 즐겨 입었다. 무도회로 사교계에 데뷔할 무렵에는 감당하기 힘들어, 차라리 헤로인에 취해 살기를 잘했다고 자평했다.

몇 년 전에 알코올 중독 회복 모임에서 만난 우리는 순전히 공통점이 하도 많아서 친구가 되었다. 둘 다 과거가 화려했는데 이제 청산했다. 둘 다 망가진 남자친구와 여자친구가 줄줄이도 많았고 그중 더러는 전과자였는데, 이제 좋은 남자와 결혼하여 두 자녀를 낳고 교회와 학교로 돌아왔다. 우리가 서로 의지한 이유는 혼자서는 그 많은 모순을 끌어안고 살기가 힘들기 때문이다. 10년 사이에 삶이 확 변하면 때로 의식의 희미한 언저리에서 과거의 자신이 나타나 속삭인다. "나 기억나?" 이럴 때는 그것까지도 알고 공감해줄 동성 친구가 곁에 있어야 한다. 속삭임을 무시하면 비명으로 커져 결국 그 못난이의 입을 막을 수 없기 때문이다.

"세상에! 나디아, 저녁을 이제 먹는 거야?" 캔디스가 시리얼을 게걸스럽게 먹는 내게 말했다. 그녀가 전화해서 와달라고 했을 때, 나는 온종일 신학교 수업을 듣고 나서 구약성경 공부반에까지 갔다가 방금 들어온 터라 먹을 새가 없었다.

누구에게든 충실한 친구가 되어 본 적이 별로 없던 나인지라 그때는 이타적으로(또는 그런 척이라도 해서) 과거의 불충을 만회하려 했다. 캔디스의 결혼 생활은 파경으로 치닫고 있었고, 입회인 없이는 두 딸을 집에 데려와 하룻밤 재울 수도 없었다. 알코올 중독 전력에다 실제로든 기분상으로든 의료적 증상까지 있던 그녀는 엉터리 의사를 찾아내 진통제 옥시콘틴을 처방받았다. 질환으로 인한 통증이 심해 약이 없으면 아무것도 할 수 없다는 둥, 자기는 싫다는데 의사가 진통제를 강요했다는 둥, 통증이 워낙 심해 옥시콘틴 정도로는 도취될 수도 없다는 둥, 복용하는 구실도 끝없이 꾸며 냈다. 결국 부부 관계마저 파국을 맞고 있어 나라도 그녀를 지원하려 애썼다.

그녀가 과거를 청산하고 술을 끊은 상태라는 내 믿음도 자꾸 흔들렸다. 두 딸과 하룻밤을 보내기 위해 부를 수 있는 입회인도 나 말고는 별로 없는 것 같았다. 그래서 나는 편도 한 시간씩 신학교에 통학하고 두 어린 자녀를 돌보면서도, 그녀가 부르면 저녁을 시리얼로 때우는 한이 있더라도 최대한 달려갔다.

그러기를 몇 주째였다. 나는 충실한 친구 노릇을 하려 애썼고, 그녀는 어떻게든 옥시콘틴을 계속 먹는 것 같았다. 나는 사는 게 바빠 시간에 쪼들렸고, 그녀는 잠을 나보다 두 배나 많이 잤다. 우리는 하나가 양분을 다 섭취하는 바람에 또 하나는 빼빼 말라 가는, 자궁 안의 쌍태 같았다.

나는 그녀가 다시 중독됐다고 확신했기에 결국 딱 한 번 그 진실을 지적하려 했다. 하지만 삶의 거의 모든 상황에서와는 달리 용기를 잃었다. '나 지금 위기 상황이니까 너라도 날 도와야지'라는 그녀의 눈빛을 보는 순간 물러서고 말았다. 그것은 과거에 내가 마땅히 도와야 했음에도 외면했던 여러 친구의 눈빛과 너무도 비슷했다. 그 눈빛을 또 보고 싶지 않아서라도 캔디스에게 "충실하고" 싶었고, 애슐리(에이머리)의 곁을 지켜 주지 못한 것을 그렇게라도 만회하고 싶었다.

어느 날 아침 캔디스의 집에서 돌아오는 차 안에서 언니에게 전화해, 정말 피곤하긴 한데 친구에게 내가 꼭 필요하다는 이야기를 했다. 바버라는 천성이 남을 잘 돕는 사람인지라 당연히 나를 자랑스러워할 줄로 알았다.

그런데 언니의 말은 달랐다. "나디아, 네 삶의 시간과 감정 에너지는 제한돼 있어. 넌 지금 단지 네가 생각하는 충실한 친구가 되겠다고 이 하나의 상황에 엄청난 시간과 에너지를 낭비하고 있는 거야."

내 말이 방어 조로 변했다. "언니, 빌어먹을 진실 따위나 듣자고 전화한 거 아니야." 작고한 작가 데이비드 포스터 월리스가 잘 말했다. 진리가 우리를 자유롭게 하는 건 **맞지만** 그전에 반드시 고통이 따른다.

몇 년 후 모든 죄인과 성인의 집을 개척한 나는 설교 원고를 작성하다가 캔디스가 생각났다. 본문은 예수께서 이렇게 말씀하시는 대목이었다. 실제로 우리는 빛보다 어둠을 더 좋아하며, 솔직히 그 이유는 어둠이 우리의 헛짓거리를 가려 주기 때문이다(나디아 개정 역본). 생각해 보니 그때 나는 그 많은 시간을 들여 착해지려 했고, 그녀는 매번 마약에 취하지 않은 척했다. 서로의 바보짓이 완벽하게 맞아떨어진 것이다. 그런데 언니가 진실을 말하는 순간 빛이 들어와 어둠을 몰아냈다. 생각해 보니 나도 캔디스처럼 자신의 치부를 악착같이 어둠 속에 숨겨 두고 싶을 때는 거짓말에 아주 능하다. 좀 더 애써서 실제로 착해 보일 수만 있다면 내가 승자가 된다. 자아도취를 미덕으로 위장할 수만 있다면 말이다. 예컨대 남을 돌보는 데 지긋지긋해져 이기심에 빠져들고 싶을 때면, 나는 이틀 내리 넷플릭스를 보고 매니큐어와 페디큐어 손질을 받으면서 이를 "자기 관리"라 칭한다. 다이어트 중이라는 사실을 아무도 모르게 하려고 "디톡스" 중이라고 말할 때도 있다.

예를 들자면 얼마든지 많다. 나는 그 많은 에너지를 들여 가꾸고 지키고 누려 온 어둠에 빛이 비쳐드는 것만은 피하고 싶다. 하지만 다이어트는 다이어트지 디톡스가 아니다. 문제는 건강이 아니라 잘 보이려는 허영심이다.

흔히들 종교의, 특히 기독교의 관건은 선악의 차이를 알아 선을 선택하는 것이라고 잘못 알고 있다. 그러나 진리는 나를 자유롭게 했지만, 내가 착해져서 자유를 얻은 적은 없다. 이것을 뻔히 알기에 나는 예수님을 사랑하면서도 그분이 싫어진다. 그분이 대비하신 것은 선과 악이 아니라 진리와 악이기에, 나는 번번이 진실 대신 착해지려(또는 착해 보이려) 했던 나를 반성해야 한다.

나는 낮잠 자기 싫다는 어린아이처럼 얼굴이 벌게질 때까지 진실을 외면할 때가 아주 많다. 아이는 팔다리의 기운이 다 빠져야 비로소 발버둥을 멈추고 잠들어 쉰다. 자신에게 필요한 바로 그것에 맞서 싸우는 것이다. 진실을 피하기 위해서라면 못할 일이 없는 나 같은 사람은 방책이 다 떨어지면 꼭 진실이 나를 박살 낼 것처럼 느껴진다. 속내를 들켰거나 계속 착한 척하기에 너무 지쳤거나 언니에게 지적받으면 말이다. 진리가 우리를 박살 내는 것은 맞다. 그러나 박살 내는 순간 진리는 우리를 정직한 사람으로 다시 접합해 준다. 그때마다 이것은 곧 죽음과 부활이다.

내 생각에, 그래서 전례에 고해와 면죄가 들어 있다. 전교인이 일어나 자신이 죄인이라고 고백하면, 순백색 예복 차림의 목사가 멀리 강단에서 "하나님이 여러분을 용서하십니다"라고 선포한다. 처음에는 그것이 내겐 미친 짓처럼 보였다. 내가 신을 믿지 않을 수도 있고 소위 죄라는 게 내 생각에 아예 죄가 아닐 수도 있는데, 남이 내게 신이 내 죄목을 삭제해 준다고 말하든 말든 그게 무슨 상관이란 말인가? 분명히 종교는 이 부분에서 많은 사람에게 걸림돌이 된다. 죄책감을 조장해 놓고 나서 거기서 벗어나려면 종교가 필요하다는 식이기 때문이다.

그러나 결국 고해와 면죄라는 전례는 내게 한없이 소중해졌다. 점차 그것이 어쩌면 일주일에 딱 한 번 진실을 말하는 순간처럼 느껴졌다. 진리가 나를 박살 내겠지만 그 후에 다시 접합해 주리라.

2006년 캔디스의 집에서 마지막 밤을 보내고 난 일요일, 나는 청색 카펫이 깔린 남편의 교회 본당에 서서 처음으로 고해에 정말 내 마음을 담았다.

우리는 행동으로 죄를 지었고 행동하지 않아서 죄를 지었나이다. 마음을 다하여 주님을 사랑하지 못했고 이웃을 자신처럼 사랑하지 못했나이다.

미네소타에서 이주해 온 노인들, 젊은 엄마들, 산만한 십대 아이들과 함께 그날 아침에 아뢴 그 말이 그대로 나 자신에 대한 진실로 느껴졌다. 캔디스 얘기와 내 위선을 구구절절 읊지 않았는데도 말이다. 어렸을 적 부모님의 차 뒷좌석에서 터널을 지나는 동안 숨을 참고 있다가 마침내 숨을 확 내쉬던 그때의 기분과 비슷했다.

목사는 이렇게 말을 이었다. "형제자매 여러분, 두려워하지 마세요. 하나님이 충만한 은혜와 풍성한 자비로 우리 같은 죄인을 만나 주셔서 그분의 영광을 위해 우리를 변화시키시고 그분의 세상을 치유하십니다. 성부와 성자와 성령의 이름으로 여러분의 죄가 사해졌으니 이제 평안을 누리세요."

큰 숨이 절로 내쉬어졌다.

× × ×

모든 죄인과 성인의 집을 개척한 이듬해인 2009년에 캔디스가 이메일로 내게 우리 교회에 와도 되겠느냐고 물었다. 나는 오는 건 좋은데 그전에 둘이 먼저 만나는 게 좋겠다고 답했다.

만나서 우리는 시티파크를 쭉 걸었다. 엄마들과 얼굴이 끈적끈적해진 어린아이들, 모네의 도시 그림처럼 나무 밑에서 오수에 든 노숙자들, 그 너머의 호수 위로 미끄러지듯 나는 거위들을 지나갔다. 우리 둘이 입은 티셔츠가 거의 똑같았다. 목이 깊게 파이고 꽃무늬가 있는 검은색 셔츠였다. 그녀를 보니 좋았고, 다시 올 수 없는 우정이 그리웠다. 한때는 우리 둘의 이야기가 똑같았고, 함께 있는 게 힘들지 않았고, 서로 잘 어울렸다. 지금은 티셔츠만 어울렸다. 그녀의 부탁을 거절하기 시작한 뒤로 나는 세월을 따라 노화했다. 주름도 늘고 낯살도 처졌다. 그런데 그녀는 아니었다. 말할 때 이마가 움직이지 않았고, 입에는 쓸데없는 걸 얼마나 주입했던지 윗부분이 솟아올라 입술보다 부리처럼 보였다. 남아 있는 진실이 별로 없었다.

걸으면서 그녀는 이혼한 일과 건강에 대해 말했다. 섬유 근육통과 만성 피로 증후군 때문에 일도 할 수 없다고 했다. 중병은 아닌데 약은 잔뜩 먹어야 하는 경우가 왕왕 있다. 우리 하퍼와 주다가 어렸을 때가 생각났다. 그때 나는 살맛이 안 나서 살짝 건강 염려증이 왔다. 아기와 꼬마를 데리고 살림하기가 너무 버거워 자주 아팠다. 그러다 보니 내 몸에 정말 무슨 이상이 있을 것만 같았다. 차라리 이상이 있었으면 싶었다. 아무것도 하지 않아도 되는 데로 한동안 벗어나고 싶었다. 그런데 검사를 받아 보면 늘 정상으로 나왔다. 두 달 만에 세 번째로 병원에 갔을 때 결국 의사가 말했다. "나디아, 당신은 아무 문제도 없습니다. 그냥 삶을 받아들이세요." 다시 진실이었다. 진실을 말하는 사람이 당장은 미울 수 있지만, 결국은 나를 자유롭게 해 준 그들이 못내 고마워진다.

그래도 나는 캔디스가 바라는 사람이 되어 줄 수는 없었다. 그녀는 자신이 우리 교회에 나와서 다시 내 친구가 되고 우리가 이전처럼 서로 의지했으면 좋겠다고 말했다. 나는 둘 사이에서 갈등했다. "좋지, 얼마든지 와서 내 친구도 되고 교인도 되어 줘. 좋은 교회가 네게도 큰 도움이 될 거야"라고 "착하게" 말할 것인가, 아니면 "너를 신뢰하지 못하겠어. 루터교 성직자로서 내가 의지할 대상은 좀 더 안정된 사람들이어야 되거든"이라고 진실을 말할 것인가? 결국 나는 진실을 말할 수 없었다. 현재의 우리가 아무리 서로 달라졌다 해도 과거에 비슷한 데가 많았기 때문에 그런 말을 할 권리가 내게 없다고 느껴졌다.

진리의 위력이 얼마나 큰지 깨달아 내가 흔들림 없이 진리에 헌신했노라고 말할 수 있다면 얼마나 좋을까. 하지만 그 순간 나는 착한 사람과 진실한 사람 중 **어느 쪽도** 되지 못했고, 대신 필요한 친구들이 이미 내게 있다고만 말했다. 누구나 그 둘 중 하나를 차마 선택하기 힘들 때가 있다. 그럴 때면 나는 하나님이 오셔서 어떻게든 우리를 치유해 주시기만을 바랄 뿐이다.

캔디스는 우리 교회에 한 번 나왔고, 내가 나눠 주는 성찬식 빵과 포도주를 받으며 살짝 웃었다. 그리고 다시는 오지 않았다.

8

×

현장 목회 실습

해골이라 하는 곳에 이르러 거기서 예수를 십자가에 못
박고 두 행악자도 그렇게 하니 하나는 우편에, 하나는
좌편에 있더라. ─누가복음 23:33

2007년에 나는 그럭저럭 신학교에 잘 다니고 있었다. 논문
도 쓰고, 엄청나게 많은 독서량도 틈틈이 소화하고, 수업 출
석도 양호한 편이었다. 그런데 알고 보니 현장 목회 실습이
라는 필수 과목을 깜빡 잊고 있었다. 목사가 되고 싶은가?
좋다. 단 먼저 10주 동안 병원 원목으로 일해야 한다. 꼭 이
런 말처럼 들렸다. "택시 운전사가 되고 싶은가요? 좋습니
다. 단 먼저 두 달 반 동안 앰뷸런스부터 몰아야 됩니다."

원목 교생이 되는 절차는 간단했다. 실습 신청서만 작

성하면 바로 클립보드와 명찰이 지급되었다. 짠! 이제 내가 병원 원목이 된 것이다. 하지만 나는 수술복을 입고 청진기를 들 자격이 없는 것만큼이나 원목 명찰을 달 자격도 없다고 느껴졌다.

　내가 첫 환자의 칙칙한 분홍색 병실 문을 두드리며 "안녕하세요. 원목 사무실에 나온 나디아입니다"라고 말하는 순간 분명히 환자는 두 가지를 즉각 알아차렸을 것이다. 하나, 이 사람은 정식 원목이 아니다. 둘, 저 옷을 사 입은 지 하루밖에 안 됐다. 나이 서른일곱에 나는 난생처음 성인 옷차림으로 "변장해야" 했다. 바지와 블레이저와 셔츠였는데, 셔츠는 단추가 달려 있을 뿐 아니라 문신투성이 팔까지 가려주었다. 하지만 성인처럼 입었다고 해서 자신감이 붙기는커녕 더 사이비처럼 느껴졌을 뿐이다.

　그 첫날 나는 도대체 무슨 일을 해야 할지 몰라 수술 병동을 돌아다녔다. "원목 사무실에서 해 드릴 일이 있을까요?" 어깨 수술을 받고 회복 중인 한 할머니에게 물었다. 기도해 달라거나 성경책을 가져다 달라고 할 줄로 알았다. 어쩌면 서랍 속에 천사 그림이 많이 나오는 기도서가 들어 있어 그 책을 읽어 주면 될지도 몰랐다. "다 쓸데없는 소리라우. 난 무신론자야." 나도 모르게 내 입에서 이런 감탄의 말이 튀어나왔다. "대단하시네요. 저는 그게 잘 안 되던데."

　그다음 정형외과 할아버지 환자에게 가서도 무슨 말을 해야 할지 막막해 그냥 화사한 방수 의자에 앉아 함께 법정

TV(법정 드라마를 방영하거나 실제 재판을 생중계하는 케이블 채널—옮긴이)를 시청했다. 내 몸에 차고도 잊고 있던 무선 호출기가 울려 법정 TV의 판결 부분을 놓쳤다. 호출된 곳은 응급실이었다.

졸지에 내가 모르는 게 두 가지나 생겼다. 방금 전까지만 해도 없던 문제였다. '타이러라는 여자는 마맛자국이 있는 건물주에게서 청소비를 돌려받을 수 있을까? 그나저나 응급실은 어디지?'

"호출 받고 왔는데요?" 응급실 접수처의 경비원에게 말했다. 그녀는 빈정대듯 내게 "축하"의 눈길을 보낸 뒤 다시 십자말풀이로 돌아갔다.

"저, 원목 사무실에서 왔거든요." 내 말에 그녀는 '출입금지' 표지판이 붙어 있는 문을 가리켜 보이며 나를 바보 쳐다보듯 바라봤다. 원목 명찰을 단 사람은 자유롭게 드나들어도 되는 모양이었다.

마침내 내게 눈길을 주는 간호사를 만났다. 호출을 받았는데 무슨 일인지 모르겠다고 했더니 그녀가 말했다.

"외상 치료 병동으로 가 보세요."

병실에 들어가니 간호사가 미동도 없이 병상에 누워 있는 50대 남자의 상의를 찢고 있었다. 그의 입과 양팔에 튜브가 연결되어 있었다. 의료진이 하는 일을 내 눈으로 차마 볼 수 없었다. 텔레비전에서 으레 보던 것과도 사뭇 달랐다. 다른 간호사가 그에게 이것저것 더 연결하는 동안 의사가 장갑을 끼면서 손짓으로 제세동기 패들을 달라고 하더니 그것을 미동도 없는 남자의 드러난 흉부에 댔다.

간호사가 내 쪽으로 물러서기에 그녀에게 몸을 기울여 물었다. "다들 할 일이 있는데 제가 할 일은 뭔가요?"

그녀는 내 명찰을 보며 말했다. "원목이 할 일은 우리가 일하는 동안 병실에서 하나님의 임재를 느끼는 거예요."

이후 두 달 반 동안 응급실의 외상 치료 병동에 갈 일이 많았다. 의사와 간호사는 환자를 소생시키려 사투를 벌였고, 나는 병상에 누워 사선을 넘나드는 환자를 봤다. 그 어수선한 혼돈 속에서 내가 할 일은 그냥 병실에 서서 하나님의 임재를 느끼는 것이었다. 맡은 직무치고는 좀 이상했지만 묘하게도 그때만은 나도 자격이 있다고 느껴졌다. 어깨 수술을 받은 환자에게 뭐라고 말해야 할지는 전혀 몰랐지만, 외상 치료 병동에 들어가면 하나님의 임재가 느껴질 수밖에 없었다.

머잖아 다른 병실에서도 하나님의 임재가 느껴졌다. 2인용 소파 네 개만으로 공간이 꽉 차던 작고 흰 방에서도 그랬다. 티슈가 충분히 비치된 그 방은 사망한 사람, 어쩌면 사망한 사람, 아무래도 사망한 사람, 사망했다 깨어나 얼마나 버틸지 모르는 사람 등의 가족이 머무는 곳이었다. 나는 상실을 겪은 그들 곁에 앉아 있곤 했다. 60세 아버지가 방금 운명하기도 했고, 결혼한 지 31년 된 배우자가 막 뇌동맥류를 일으키기도 했다. 약을 네 병이나 삼킨 언니가 사망했는지 그냥 뇌사 상태인지 들으려고 기다리는 사람도 있었다. 그 작고 흰 고통의 수렁에서 나는 원목이었다.

슬픔에 겨워 산소마저 고갈된 듯한 그 방에서 유독 내 눈에 띈 것이 있다. 졸지에 가족이나 친구를 잃은 이들은 눈빛이 멍해져서 이렇게 말하곤 했다. "오늘 아침까지만 해도 함께 식사하며 야구 얘기를 했잖아." "함께 개를 산책시킨 지 얼마나 됐다고. 아이들 얘기를 하며 웃었는데."

삶의 큰 변화는 늘 평범한 일상 속에 끼여 있는 것 같다. 마치 흔한 갈색 포장지 속에 정서적 급조 폭발물이 감추어져 있기라도 하듯, 중대한 사건도 매일의 일과 속에 싸여 있다. 그러다 영겁과도 같은 한순간에 폭탄이 드러나면 세상 모든 것이 달라진다. 하지만 이미 삶이 영영 달라져 버린 지금, 흔한 갈색 포장지부터 보면 그것은 여느 꾸러미나 아침이나 산책과 다를 바 없어 보인다.

고난 주간 화요일에 창문 없는 원목 사무실에 앉아 서류를 작성하고 있는데 응급실에서 호출이 왔다. 마침 나는 이틀만 더 잊어버리고 마트에 가지 않으면 일요일에 두 자녀에게 줄 부활절 바구니가 텅 비겠다는 걸 떠올린 참이었다.

응급실에 가 보니 전혀 딴 세상처럼 조용했다.

병상에 누워 있는 여자는 병원에 도착했을 때 이미 사망한 상태였다. 고속도로에서 차 밖으로 나갔다가 그렇게 되었다고 했다. 미니밴 안에 두 살배기와 다섯 살배기 두 아들도 있었다. "아이들은 다치지 않았어요. 친척이 올 때까지 아이들과 함께 있어 주세요." 그것이 내가 할 일이었다.

픽도 다치지 않았겠다.

두 아이의 손을 잡고 장난감과 텔레비전이 있는 소아과로 갔다. 바닥에 갖고 놀 만한 트럭들이 보였다. 화사한 리놀름 바닥에 빨간 소방차를 부르릉 굴리면서 퍼뜩 깨달았다. '평생 오늘이 두 아이에게는 엄마가 죽은 날이겠구나. 경찰이 올 때까지 미니밴 안에서 무서워 울던 날이겠구나. 엄마가 어떤 사람인지 제대로 알기도 전에, 엄마의 사랑으로 성인이 되기도 전에 엄마를 영영 잃은 날이겠구나.' 주스와 시간 외에 내가 그들에게 무엇을 더 줄 수 있었을지 모르겠다. 두 시간 후에 친척이 왔을 때 나는 두 아이의 부활절 바구니를 사 주겠다고 말할 뻔했다.

원목이라는 내가 누구에게도 줄 답이 없었다. 물을 가져다주고 전화를 대신 걸어 주고 의사에게 졸라 정보를 더 얻어 냈을 뿐 지혜의 말은 내게 전무했다. 모든 게 부당하게 느껴졌다. 상실의 공포를 걷잡을 수 없었고, 평생 아버지 없이 살아야 할 누군가의 영이별도 아득했다. 슬픔은 시적(詩的)이면서도 괴기했다. 흔히 듣기 좋게 애도라 칭하는 정서적 과정은 곁에서 지켜보기에 흉측했다. 물론 하나님의 임재도 느꼈지만, 신이라는 작자의 따귀를 갈겨 주고 싶었다.

그렇게라도 하나님께 나를 함부로 건드려서는 안 된다는 걸 보여 드리면, **내** 사랑하는 가족만은 무사하지 않을까. 남편과 두 아이 생각을 떨칠 수 없었다. 당시 어렸던 하퍼와 주다가 살아갈 세상에는 고난주간 화요일에 엄마가 미니밴 밖에서 죽는 일 따위는 없어야 했다. 어떤 때는 불쑥 이런 생각이 들기도 했다. '저 병상 위에 누운 사람이 매튜라면?' 그러면 화가 났다. 방어적 분노였다. 이렇게 화날 때는 두려움조차 우리를 쩔쩔매게 하거나 지배할 수 없다.

병원과 장례식장에서 자주 듣는 허튼소리가 있다. 우리가 몰라서 그렇지 하나님께 다 계획이 있다는 것이다. 아마도 천국에 천사가 더 필요해서 하나님이 이 집 딸을 데려가셨다는 것이다. 그러나 세상에 다른 게 존재한 적이 있나 싶을 정도로 상실의 고통이 사무칠 때면, 나는 선의의 상투어만큼 듣기 싫은 게 없다. 하나님이 문을 닫으실 때는 반드시 창문이라도 열어 주신다는 말을 들으면, 창문이 정확히 어디 있느냐고 물어서 신을 그 창밖으로 확 밀어 버리고 싶다.

그런 허튼소리는 나쁜 종교의 산물이다. 죽음을 애도하는 당신에게 누군가 주책없이 낙관론을 편다면 그건 그들의 문제다. 대개 그들 쪽에서 뭐라도 도움이 될 말을 해 줘야겠다고 생각하거나, 아니면 돌이킬 수 없는 죽음과 그에 따른 고통을 차마 직시할 수 없기 때문이다. 그래서 프레셔스 모먼트(선물용품 회사—옮긴이)의 카드에나 나올 법한 상투어를 늘어놓는 것이다. 나도 그런 말을 해 봤고 남한테서 듣기도 했다. 그러나 원목으로서 내가 느낀 게 있다. 사람들에게 정말 필요한 것은 내가 대체로 입을 닥치고 그들의 절절한 고통 속에 함께 있는 것이었다.

내가 다시 기독교로 돌아올 생각을 처음 한 것은 매튜와 데이트할 때였는데, 그때 책을 많이 읽었다. 소위 역사적 예수를 연구한 마커스 보그 등의 책을 주로 읽었다. 매튜가 준 보그의 『미팅 지저스』(*Meeting Jesus Again for the First Time*)라는 책을 통해 나는 새로운 세계에 눈떴다. 내 성장기의 근본주의가 불합리한 믿음이었던 데 반해 이 사람들은 나사렛 예수라는 인간에 대해 우리가 정말 알 수 있는 게 무엇인지를 학문적, 이성적으로 탐색했다. 예수님은 1세기에 팔레스타인에서 활동한 유대인으로서 카리스마와 가르침으로 추종자를 모으셨다. 하나님 의식으로 충만한 정말 위대한 인물이었다. 그리스도의 이미지를 무지의 굴레와 종교 우익으로부터 구해 낸 그들이 나는 참 좋았다. 책 제목처럼 예수님을 정말 처음으로 다시 만나는 것 같아 행복했다.

내 이성과 믿음이 공존할 수 있다니 이는 진보 기독교에 주어진 덤이기도 했다. 하지만 그것이 내게 통한 기간은 짧았다. 곧 나는 더 까다로운 내용을 실험해 보고 싶었다. 예수님을 추앙하는 게 고결한 일이긴 하지만, 사랑하는 사람이 죽거나 내가 무서운 암 진단을 받거나 자녀가 피해를 입을 때 하나님이 어디 계시는지를 말해 주지는 않는다. 하나님과 막힘없이 소통하신 인물을 추앙하고 본받는다 해서 전능하신 하나님과 나 사이의 괴리가 메워질 것 같지는 않다. 우리가 고난당할 때 하나님이 도대체 어디 계시는지 알 수 없기는 마찬가지다.

어린 시절에 내게 이렇다 할 도움이 없었던 것은 물론이다. 내가 자라면서 배운 하나님은 고도의 감시 체계를 갖춘 성난 심술보인데, 내 죄 때문에 어쩔 수 없이 자신의 귀한 (그것도 하나뿐인) 아들을 보내 고난당하고 죽게 하셨다. 기쁜 소식은 내가 이 이야기를 믿고 착해지려고 기를 쓰고 노력하면 죽어서 천국에 간다는 것이었다. 황금 문으로 별세계에 들어가 하나님과 함께, 나처럼 믿고 착해지려 애쓴 모든 사람과 함께 산다는 것이었다. (보수 기독교인인 부모님에게서 떨어져 나왔을 때 내가 종종 우스갯소리로 말했듯이, 엄마는 은근한 켄터키 억양으로 이렇게 꼬집곤 했다. "나디아, 우리는 영원히 함께 살지는 못할 테니 네가 자주 놀러나 와라." 당시의 내 부모 부류와 영원히 함께 산다는 게 딱히 교회의 최고 유인책은 될 수 없으련만, 과연 그분들이 그것을 알았을까?) 어쨌든 그런 생각 속에 담긴 하나님은 우리만큼이나 비열하고 이기적인 존재다. 실제의 그분보다 우리의 탐욕과 고약한 심보가 훨씬 더 많이 투영된 것 같다.

내가 엄마 잃은 두 어린아이와 함께 병원 바닥에 앉아 있던 날로부터 사흘 후가 성금요일이었다. 그날 매튜네 교회에서 성가대의 찬양이 있었다. 나는 뒷줄에 앉아 성가대원들의 목소리로 울려 나오는 아름다운 옛 라틴 멜로디를 들었다. 수난 본문을 읽을 때는 예수님이 배신과 고난과 죽임을 당하셨다는 요한복음의 기사가 내 귀에 새롭게 들렸다. 예수님을 추앙하며 본받으려고만 한 게 아니라, 엄마 잃은 두 아이가 놀던 병원 바닥에서 그분의 임재를 느꼈기 때문이다.

그해 성금요일에 나는 예수님의 마지막 몇 시간에 대한 익숙한 이야기가 낯설게 느껴져 깜짝 놀랐다. 알고 보니 하나님은 예수님으로 와서 우리와 함께 사셨을 뿐 아니라 아예 우리 인간의 이야기 속으로 들어오셨다. 가장 고통스러운 부분에까지 들어오셨다. 하나님은 천국에 앉아 예수님의 삶과 죽음을 내려다보며 매정하게 아들을 고난으로 떠미신 게 아니다. 하나님은 십자가를 내려다보신 게 아니라 십자가에 **달리셨다**. 우리의 고통과 상실과 죽음 속으로 깊이 들어와 그 모든 것을 친히 겪으셨다. 그분이 정말 누구신지를 우리가 알 수 있도록 말이다. 어쩌면 성금요일 이야기는 하나님이 우리 죄를 장부에 계산하느니 차라리 우리 대신 죽으신 사건이다.

본문 낭독이 끝났을 때 문득 나는 하나님께 조금도 고자세가 없다는 것을 깨달았다. 십자가에 가까이 계시는 하나님은 병원에서 막 엄마를 잃은 두 아이의 슬픔 속에도 가까이 계신다. 우리 모두만큼이나 비참한 심정으로 그분은 마스카라가 줄줄 흘러내리는 그 망가진 한복판에 계신다. 고난의 이유를 묻는 질문에 확실한 답은 없다. 그러나 의미는 있다. 내게 그 의미란 임마누엘이신 예수님과의 관계로 귀결되었다. 임마누엘은 "하나님이 우리와 함께 계신다"는 뜻이다. 우리는 답을 얻고 싶어 하나님께 가지만 때로 우리가 받는 것은 그분의 임재다.

9

내시와 자웅 동체

길 가다가 물 있는 곳에 이르러 그 내시가 말하되 "보라, 물이 있으니 내가 세례를 받음에 무슨 거리낌이 있느냐." —사도행전 8:36

1980년대의 팝 스타 티파니에게 자웅 동체*인 열성 팬이 있는데, 켈리라는 그 팬이 내 설교 작성을 도와준 적이 있다. 켈리는 자신이 내 설교 작성을 도와준 것을 모른다. 그냥 덴버의 어느 커피숍에 들어왔을 뿐이다. 그때 나는 그 커피숍에서 빌립과 에티오피아 내시에 대한 설교를 힘들여 준비하

---

* 자웅 동체(hermaphrodite)라는 용어에 대개 비하의 의미가 담겨 있다고 보지만 켈리는 자신을 그렇게 지칭한다.

던 중이었다. 갓 출범한 우리 교회에서 할 설교였다. 우리 루터교는 대부분의 천주교, 장로교, 감리교, 성공회와 마찬가지로 일요일마다 몇 가지 공통 지정 본문으로 설교한다. 이를 '성서정과'라 한다. 그 주의 지정 본문에 에티오피아 내시 이야기가 있었다. 지정 본문으로 설교하는 게 규정이 아니라 권장 사항이긴 하지만, 나는 자율에 따를 만큼 자신을 믿은 적이 없다. 교인들을 생각해서라도 매주 일요일의 설교 본문을 나 스스로 정할 필요는 없다. 석 달 전에 시도했는데 상황이 『암흑의 핵심』(조지프 콘래드의 소설—옮긴이)처럼 되어 버렸다.

켈리를 보는 순간 우선 깜짝 놀랐고 바로 반감이 뒤따랐다. 놀란 이유는 불과 이틀 전에 내가 그녀에 대한 다큐멘터리를 봤기 때문이고(〈이제 우리만 남았나 봐〉라는 제목으로, 켈리와 역시 티파니의 열성 팬이자 아스퍼거 증후군이 있는 50세 남성이 주인공이다), 반감이 든 이유는 그녀의 인상에 남녀가 공존하되 데이비드 보위나 애니 레녹스처럼 멋진 양성성은 없었기 때문이다. 머리칼은 여자처럼 길고 얼굴은 여자 같기도 하고 남자 같기도 했다. 가슴은 여자인데 복부와 굵은 다리는 남자였다.

그다음 내게 든 감정은 수치심이었다. 반감을 느꼈다는 게 부끄러웠다. 평생 내 주위에 게이 남자와 퀴어 여자와 트랜스젠더가 많이 있었건만, 그런 내가 간성(양성 모두의 성징과 염색체와 호르몬을 타고난 상태—옮긴이)인 사람을 직접 보고는 거부감을 느꼈으니 말이다.

평소 나는 한 주간에 할 일이 워낙 많아서, 셀럽의 열성 팬이면서 간성인 사람에 대한 다큐멘터리를 볼 시간이 없다. 그런데 설교를 준비하려고 내시를 검색하다가 인터넷의 블랙홀에 빨려들어 〈이제 우리만 남았나 봐〉를 시청했고, 하필 그 다큐멘터리의 주인공인 켈리가 내 단골 커피숍에 등장한 것이다. 그녀는 다른 여자와 함께 와서 둘 다 음료를 테이크아웃으로 주문했다. 나는 앉은 자리에서 말을 잃었다. 왠지 조금 있으면 티나 페이도 올 것 같았다. 전날 밤에 내가 〈30 록〉(티나 페이가 제작하고 출연한 시트콤—옮긴이)을 시청했으니 말이다.

페이는 오지 않았고 에티오피아 내시에 대한 내 설교는 여전히 미완이었다. 종이에 뭐라고 써 놓긴 했지만 한심한 수준이었다.

에티오피아 내시 이야기는 사도행전에 나온다. 죽은 자 가운데서 부활하신 예수님은 모든 사람을 혼란에 빠뜨리시고 호숫가에서 조반으로 생선을 구워 주시고 몇 번 더 맛있게 식사하신 후 승천하셨다. 하지만 그전에 제자들에게 명하시기를 모든 민족에게 자신에 대한 이야기를 전하고 삼위일체 하나님의 이름으로 세례를 베풀라 하셨다.

최초의 이방인 회심자는 결국 흑인 성소수자였다. 이야기에 따르면 성령께서 빌립에게 명하여 특정한 광야 길로 가게 하셨다. 가 보니 수레에 탄 내시가 두루마리에 적힌 이

사야서를 읽고 있었다. 빌립은 수레로 올라가 이 거세당한 에티오피아 남자에게 예수님에 대해 말해 준다. 그때 내시가 "보라, 물이 있으니 내가 세례를 받음에 무슨 거리낌이 있느냐"라고 말한다. 빌립은 그에게 세례를 베풀고 사라진다.

내가 자라면서 들은 이 이야기의 제목은 늘 "에티오피아 내시의 회심"이었다. 누구를 만나든 우리도 예수님을 전해야 한다는 게 본문의 취지라는 말을 귀가 따갑게 들었다. 그래야 그들을 구원하고 회심시켜 우리 같은 사람으로 변화시킬 수 있기 때문이다. 그들도 천국에서 살 수 있도록 말이다. 물론 그들이 살 집은 우리 것만큼 좋지는 않을 것이다. 그런데 다시 읽어 보니 본문은 진보 기독교에 딱 맞는 내용 일색이었다. **그렇지 않은가.** 최초로 기독교로 개종한 이방인이 외국인이자 유색인이자 성소수자니 말이다. "장애"와 글루텐 민감증까지 있었다면 더 좋을 뻔했다.

덴버의 커피숍에서 자웅 동체인 켈리를 보던 날, 나는 설교 초고를 이미 작성한 상태였다. 포용을 주제로 살짝 자화자찬하면서, 성소수자 커뮤니티를 모든 죄인과 성인의 집만큼 "수용하고 인정하지" 않는 그리스도인들을 저격하는 말도 몇 번 넣었다. 우리 교회에는 퀴어가 많다. 물론 여전히 교인의 95퍼센트가 백인이지만 그건 중요하지 않다. 우리가 아는 복음을 그들은 모른다는 게 중요하다.

알다시피 당시 루터교는 인간의 성 문제로 몇 년째 싸우고 있었다. 동성애자 수용에 대한 교단 차원의 논쟁은 여성 안수에 대한 40년 전의 논쟁과 비슷했고, 그것은 다시 이방인 수용에 대한 초대 교회의 논쟁과 비슷했다. 기독교가 생겨난 직후부터 이미 "포용"에 대한 이견이 불거졌다는 뜻이다.

초대 교회는 이방인이 그리스도인이 되려면 먼저 유대인처럼 되어야 한다고 확신했다(알다시피 남자에게는 꽤 불쾌한 과정이 수반된다). 마찬가지로 오늘날의 일부 교회도 우리가 지붕을 넓혀 동성애자를 받아들이면 텐트가 왕창 무너질 수 있다고 생각한다. 무리하게 잡아 늘일 게 아니라 폭삭 주저앉지 않도록 교회라는 텐트를 보호해야 한다는 것이다. "텐트를 지키는 사람" 중 일부는 우리가 동성애자를 "복음화해야" 한다고 말한다. 우리 같은 사람으로 변화시켜야 한다는 뜻이다.

"기도로 동성애를 물리치도록" 퀴어를 도우려는 기관이 여럿 있다. 성소수자가 보수 교회에 들어오려면 먼저 이성애자가 되어야 한다는 것이다(물론 통하지 않는 방법이다). 반면 진보 교회는 "포용"을 최고로 내세운다. 우리는 "텐트를 넓히는 사람"이므로 벽을 허물어 소외층, 불우한 사람, 소수자를 수용해야 한다는 것이다. 포용을 믿는 우리가 할 일은 누구나 다 들어오도록 텐트를 넓히는 것이다. 바로 이것이 내가 작성한 에티오피아 내시에 대한 어설픈 설교의 요지였다.

그런데 성소수자를 "포용하는" 회중의 목사라는 내가 간성인 사람을 보고 반감이 든 것이다. 좋게 말해서 부끄러

왔다. 덕분에 포용의 한계를 절감할 수 있었다. 내 기독교의 특성이 다른 목사보다 나은 포용력에 있다면 일이 애매해진 다. 간성인 사람, 공화당 지지자, 범죄자, 앤 콜터(보수 논객— 옮긴이) 등 텐트 안에 함께 있고 싶지 않은 대상을 늘 만날 테 니 말이다. 반드시 만나게 되어 있다. 사실 나는 일정 부류의 사람만 포용하고 싶을 뿐 나머지는 아니다.

켈리가 커피숍에서 나간 후 나는 몇 주 전의 일을 떠올 렸다. "감사합니다, ELCA!"라는 말을 만들어 낸 우리 교회 의 게이 리더 스튜어트는 그날 단정한 바지에 버튼다운 셔 츠 차림으로 전례에 왔다. 평소에도 게이답지 않게 작업복 재킷과 청바지를 입는 그를 나는 게이 앞에 전(前, ex)을 두 개 붙여 "2X"라고 즐겨 부른다.

성인 초기에 스튜어트가 다니던 복음주의 교회는 그에 게 말하기를, 텐트에 들어오려면 최대한 동성애 성향에서 이성애로 넘어오는 과정을 거쳐야 한다고 했다. 예수님을 사랑하고 교회를 사랑하기에 그는 그 말대로 했다. 그러나 각방으로 최선을 다했는데도 결국 다 부질없었다. 동성애 성향이 도저히 약해지지 않아 결국 그는 그 교회를 떠났다.

스튜어트가 드레스 셔츠에 넥타이를 매고 온 그날은 그 가 자상하고 창의적인 파트너 짐과 함께 우리 교회에 온 지 6개월이 된 때였다. 그날 오전 그의 친구인 이성애자 부부의 아이가 세례를 받았는데, 그 아이의 대부로 곁에 선 사람이 스튜어트였다. 그들과 그는 서로 안 지 여러 해 되었다. 세례

후에 그 부부 집에서 조촐한 파티가 열렸다. 파티 도중 그들이 모든 하객을 주목시키더니 자기네가 스튜어트를 아이의 대부로 정한 이유를 짤막하게 말하겠다고 했다. 그는 깜짝 놀랐다.

친구 부부는 이렇게 말했다. "스튜어트, 우리가 당신을 뽑은 이유는 평생 당신이 그리스도와 그분의 교회에 충실했기 때문입니다. 게이로서 교회에서 들은 말이라고는 '당신이 받을 사랑은 여기에 없어요'가 전부인데도 말이죠." 이런 말이나 같았다. "스튜어트, 당신이 우리를 자꾸 이 신앙으로 회심시켜 주네요." 커피숍에서 그때 일을 떠올리다가 나는 퍼뜩 깨달았다. 빌립과 에티오피아 내시의 이야기에서 핵심은 역시 회심이지만, 어쩌면 내시의 회심이 아니라 빌립의 회심일지도 모른다.

수레를 타고 광야 길을 가면서 이사야서를 읽던 본문의 내시는 예배하러 예루살렘에 왔다가 돌아가던 길이었다. 문득 나는 그가 신명기, 특히 "고환이 상한 자나 음경이 잘린 자는 여호와의 총회에 들어오지 못하리라"고 한 신명기 23장 1절도 알고 있었을지 궁금해졌다. (성경에서 가장 인기 있는 구절이 왜 신명기 23장 1절이 아니라 요한복음 3장 16절인지는 나도 모른다.)

내시가 성전에 들어가는 것은 율법에 엄격히 금지되어 있다. 젠더 바이너리(남녀로만 구분하는 생물학적 이분법—옮긴이)에 어긋나는 그들은 어느 범주에도 들지 못하기 때문에 부정하게 여겨졌다. 그래서 텐트에 들어갈 수 없었다. 그런데

이 내시는 종교 당국에 퇴짜 맞을 걸 뻔히 알면서도 예배하러 예루살렘에 갔다. 자신이 받을 사랑은 거기에 없다는 말을 듣고도 하나님을 사모했다.

그러니까 빌립을 광야 길로 인도하실 때 성령께서 빌립을 그 나름의 회심으로 인도하신 게 아닐까? 수레로 다가가면서 그는 이렇게 생각했을지도 모른다. '잘됐군…… 저 퀴어를 내가 성경의 매로 때려서 제 주제를 알게 해 주지.'

하지만 혹시 그렇게 생각했더라도 그의 생각대로 되지 않았다. 본문에는 하나님이 빌립에게만 내시를 만나러 가라고 명하신 것으로 나와 있다. 하지만 성령께서 내시에게도 "율법을 고수하며 하나님의 집에서 너를 거부하는 무리를 대변하는 저 멀쩡한 유대인 남자를 청하라"고 명하셨는지도 모른다. 빌립과 젠더 범주에 어긋나는 외국인의 대화는 피차 질문으로만 이루어져 있다. 이 대화를 통해 빌립은 주님을 사모한다는 것이 무엇인지 제대로 배웠을 것이다. 그것은 그토록 심한 박해와 거부를 당하면서도 그분을 사모하는 사람에게서만 배울 수 있는 차원이다.

낯선 사람이 내게 보여 주지 않는 한 나도 예수님을 따른다는 의미를 실제로 모를 수 있겠다는 생각이 들었다. 그러자 켈리를 만나지 않은 게 후회됐다. 그녀를 내 테이블로 청하여 질문을 던지지 않은 게 후회됐다.

환영받지 못하거나 부적격자로 몰리면서도 믿음을 실천하는 이들에게서 나도 믿음을 제대로 배우고 싶었다. 이 바람은 "포용"보다 훨씬 깊은 개념이다. 사실 **포용**은 전혀 옳은 단어가 아니다. "우리"가 착하고 훌륭해서 "그들"도 끼워 준다는 말처럼 들리기 때문이다. 텐트가 우리 것도 아니건만 마치 텐트에 들어올 적격자 부류를 우리가 심사하는 것처럼 말이다. 에티오피아 내시에 해당하는 사람이 내게도 믿음을 보여 주어야 함을 나는 그 커피숍에서 깨달았다. 낯선 사람, 외국인, "타자"가 자꾸 내게 광야의 물을 보여 주어야 한다. 나도 그들에게서 "광야에 물이 있으니 나 내시가 세례를 받음에 무슨 거리낌이 있느냐"는 말을 들어야 한다. 나 내시의 자리에 나 퀴어, 나 간성인 사람, 나 문맹인, 나 신경증 환자, 나 과잉 고학력자, 나 포커스 온 더 패밀리(복음주의 사역 기관―옮긴이) 설립자 등이 들어갈 수도 있다.

무슨 거리낌이 있느냐는 곤란한 질문에 빌립처럼 나도 거리낄 만한 이유를 전혀 내놓을 수 없다. 이 사실을 깨닫지 않는 한 나는 텐트 안의 좁아 보이는 공간을 보며 이렇게 생각할 수밖에 없다. 내가 할 일은 누구나 다 들어오도록 사람을 변화시키든지 아니면 지붕을 넓히든지 둘 중 하나라고 말이다. 하지만 양쪽 다 잘못된 길이다. 텐트가 내 것이 아니라 주님의 텐트이기 때문이다. 텐트의 넓이는 사랑으로 육신이 되어 우리 인류 속으로 들어오신 하나님의 은혜로운 속성을 가리켜 보이는 한에서만 내게 의미가 있다. 텐트의 넓이는 우리 모두를 친구로 맞아 주시는 하나님의 크신 자비와 사랑을 가리켜 보이는 한에서만 내게 의미가 있다.

그래서 빌립과 내시의 회심 이야기에 어느 정도 교회의 소망이 있고 어쩌면 사회의 소망도 있다. 하나님의 정말 큰 텐트 안에서 우리는 질문할 수 있고, 종교 당국을 대변하는 이들을 우리 곁으로 청하여 함께 앉아 성경을 읽을 수 있다. 우리 모두는 낯선 사람을 통해 새롭게 회심할 수 있고, 그러다 광야에 물이 보이면 외국인 등 "우리가 아닌" 이들과 함께 하나님의 자비 속에 풍덩 들어가 세례를 받을 수 있다. 그렇게 자꾸 서로를 이 아름답고 위험하고 광활한 신앙생활로 회심시켜 준 뒤 기쁘게 길을 갈 수 있다.

안식 후 첫날 일찍이 아직 어두울 때에
막달라 마리아가 무덤에 와서 돌이
무덤에서 옮겨진 것을 보고 시몬 베드로와
예수께서 사랑하시던 그 다른 제자에게
달려가서 말하되 "사람들이 주님을
무덤에서 가져다가 어디 두었는지 우리가
알지 못하겠다" 하니······ 마리아는 무덤
밖에 서서 울고 있더니 울면서 구부려 무덤
안을 들여다보니 흰옷 입은 두 천사가
예수의 시체 뉘었던 곳에 하나는 머리
편에, 하나는 발 편에 앉았더라. 천사들이
이르되 "여자여, 어찌하여 우느냐." 이르되
"사람들이 내 주님을 옮겨다가 어디
두었는지 내가 알지 못함이니이다." 이 말을
하고 뒤로 돌이켜 예수께서 서 계신 것을
보았으나 예수이신 줄은 알지 못하더라.
예수께서 이르시되 "여자여, 어찌하여 울며
누구를 찾느냐" 하시니 마리아는 그가
동산지기인 줄 알고 이르되 "주여, 당신이

옮겼거든 어디 두었는지 내게 이르소서.
그리하면 내가 가져가리이다." 예수께서
"마리아야" 하시거늘 마리아가 돌이켜
히브리 말로 "랍오니" 하니 (이는 선생님이라는
말이라) 예수께서 이르시되 "나를 붙들지
말라. 내가 아직 아버지께로 올라가지
아니하였노라. 너는 내 형제들에게 가서
이르되 '내가 내 아버지 곧 너희 아버지, 내
하나님 곧 너희 하나님께로 올라간다' 하라"
하시니 막달라 마리아가 가서 제자들에게
"내가 주를 보았다" 하고 또 주께서
자기에게 이렇게 말씀하셨다 이르니라.

10

×

솜사탕

이는 내가 약한 그때에 강함이라. ─고린도후서 12:10

솜사탕 기계는 내 혼다 차의 뒷자리에 겨우 들어갔다. 그래도 나는 뜻을 굽히지 않았다. 위아래 작업복 차림의 히스패닉 청년이 그 기계와 종이 깔때기 100개와 우유팩 모양의 핑크 슈가 통을 들어 내 차에 싣고 뒷문을 닫기 전에 내게 이런 눈빛을 보냈다. '잘해 보슈, 정신 나간 백인 아줌마 같으니라고.' 나는 벌써부터 허리가 아파 자세가 약간 구부정했으므로 일부러 아무것도 들지 않았다. 내 허리의 L5-S1 디스크는 동화 속 공주의 침대에 놓인 베개처럼 가뿐해야 하련만, 도움을 청하는 노숙자의 손에 들린 판지처럼 흐물흐물하다. 그래서 통증 때문에 오래 서 있을 수 없다.

그날 오전에 나는 교외의 근사한 매튜네 루터교회에서 설교했는데, 그때 장시간 서 있지 말걸 그랬다. 하지만 예복까지 입은 사람이 찬송과 기도 시간에 자리에 앉아 있으면 무례해 보인다. 어쨌든 차에 솜사탕 기계를 실었으니 이제 코스트코에 들렀다가 우리 교회로 이동해 특별 행사를 준비해야 했다.

2009년 여름, 모든 죄인과 성인의 집은 나름대로 선전하고 있었지만 일요일 출석 인원이 35~40명을 넘지 못했다. 많은 사람이 여행을 떠나는 여름에는 숫자가 그보다 적을 때도 있었다. 그래서 나는 휴가철에 출석이 들쭉날쭉한 전교인을 한날한시의 예배에 모아 보려고 총동원 주일을 선포했다.

루터교의 특이한 전통인 총동원 주일은 여름 끝자락에 전 교인이 모여, 주일학교가 시작되는 새 학년을 경축하는 날이다. 대개 피크닉과 파티가 벌어지고 물대포 놀이기구와 풍선도 등장한다. 교회에 아이라고는 내 두 자녀뿐이었고 물론 주일학교도 없었지만, 그래도 일단 해 보자 싶었다.

전부 내 발상이었고 일도 죽어라 내가 다 했다. 그래서 솜사탕 기계, 햄버거 72개를 만들 수 있는 재료 일체, 특대형 사이즈의 도리토스 과자, 음료수 두 상자가 모두 내 차 안에 있었다. 일어서기도 힘든 나였지만 마침내 전 교인이 한날에 모일 테니 고생한 보람이 있을 것이다. 돈도 300달러나 들었지만 내가 바구니를 내놓으면 당연히 다들 십시일반으로 호응할 것이다.

우리 교회 창립 멤버인 JP가 일찍 와서 전례에 쓸 의자 배열을 거들었다. 나는 기도처와 제단 탁자에 필요한 것을 그에게 다 내준 뒤 다시 아래층에 내려가 총동원 주일 파티를 준비하며 생각했다. '햄버거 72개로 충분해야 할 텐데.'

아이도 없는 교회에서 솜사탕 기계까지 갖춰 놓고 총동원 주일 행사를 벌이는 이런 엉뚱한 면 때문에 우리 교회는 교단의 주목을 끌었다. 회중이 거의 전원 미혼 청년이라는 사실도 한몫했다. 여타 ELCA 교회에서는 도저히 끌어 모을 수 없는 연령대였기 때문이다. 그래서 나는 이튿날 새벽 4시에 일어나 비행기를 타고 시카고에 가서 루터교 신학 컨퍼런스에서 기조연설을 하기로 되어 있었다. 우리 교회에 대해 더 듣고 싶어 하는 그들에게 아이 없는 총동원 주일 이야기는 재미있는 화제가 될 것이다.

음료수를 냉장하고 냅킨을 챙기고 햄버거 재료를 다 다듬는 데 생각보다 오래 걸려서 결국 나는 전례가 시작되기 5분 전에야 위층 본당으로 올라갔다. 백 년 묵은 계단을 오르노라니 익숙한 향냄새와 쓸지 않은 바닥 냄새에 미소가 절로 났다. 그런데 왠지 평소보다 더 조용한 것 같았다.

볕이 드는 공간에 들어서니 스테인드글라스가 눈에 들어왔고, 그 환한 빛 아래 26명이 앉아 있었다. 그날 교회에 나온 사람이 모두 26명이었던 것이다. 젠장, 26명이라니. 그토록 이메일로 총동원 주일을 홍보하고 아픈 허리로 코스트코에까지 다녀왔는데 말이다. 기발한 아이디어와 도리토스 과자와 300달러는 다 뭐란 말인가. 그렇게까지 했는데도 출석 인원은 여름 내내보다 더 적었다. 딱 한 번만이라도 교회에 40명 이상이 모이는 것, 그것이 내 비장한 총동원 주일의 취지였건만 정작 모인 사람은 26명이었다.

어찌할 바를 몰라 그대로 돌아서서, 마치 깜빡 잊고 두고 온 것을 가지러 가야 하는 사람처럼 재빨리 도로 아래층으로 내려갔다. 하지만 내가 잊은 게 있다면 그것은 인간에 대한 믿음이었다.

여자 화장실에 들어가 문을 잠그고 벗겨지는 리놀륨 바닥에 털썩 무릎을 꿇었다. "오, 하나님, 지금 저는 모든 사람이 미워요. 이 분노와 원망을 하나님이 제해 주시지 않으면 오늘 전례를 제가 절대로 잘 끝마칠 수 없어요. 제발, 제발, 제발 부탁입니다. 꼭 좀 도와주세요."

험악하게 인상 쓰지 않고 전례를 끝마치긴 했지만 아슬아슬했다.

교인들의 기도가 나를 진정시켜 주었다. 에이미는 직장 상사를 용서하게 해 달라고 기도했고, JP는 신학교에서 새 학년을 잘 감당할 수 있게 해 달라고 기도했다. 누군가의 삼촌이 세상을 떠났고, 조카가 태어난 집도 있었다.

예배 후 우리는 그릴에 불을 지피고, 솜사탕 기계를 조립하고, 음료수를 담은 아이스박스 위에 모금 바구니를 놓았다. 나만 빼고 다들 기분이 좋았다. 결국 햄버거 72개는 너무 많았다. 나머지 48개도 다 만들어 포일에 싸서 나중에 트라이앵글 공원의 배고픈 사람들에게 나눠 주었다. 교회 옆 정지 신호를 거쳐 가는 모든 차에게도 솜사탕을 하나씩 건넸는데, 받아 가는 이들도 있었다. 오병이어 이야기가 거꾸로 된 것 같았다. 예수께서 몇 안 되는 떡과 물고기로 수천 명을 먹이신 사건은 복음서에 정확히 여섯 번 기록되어 있는데, 복음서는 네 개뿐이다. 그중 두 복음서에 두 번씩 나와서 그렇다. 그만큼 중요하다는 뜻일 것이다.

내 바람과 달리 교회에 나오지 않은 사람이 수십 명이나 되었고, 그래서 음식이 많이 남았다. 교인들이 그것을 다 외부에 나눠 준 게 결국 큰 기쁨이 되었다.

그들에게는 그랬다.

하지만 나는 뒷정리를 하면서 표시 안 나게 모든 사람을 원망하기에 바빴다. 허리가 꼭 반으로 뚝 끊어질 것만 같았다. 그냥 다 끝났으면 싶었다. 비행기를 탈 시각이 불과 몇 시간 앞으로 다가왔다. 교인들은 즐거웠을지 몰라도 나는 조금이라도 더 일찍 집에 가려면 얼른 뒷정리를 시작해야 했다.

"나디아, 괜찮지 못한 거죠?" 스튜어트가 물었다. 괜찮을 리가 있나. 내 속은 엉망진창이었다.

"오늘 허리가 좀 심하게 아프네요." 그야 맞는 말이지만 진실의 전부는 아니었다. 진실의 전부는 총동원 주일이 실패작이었다는 것이다. 교회에 나오는 사람을 늘려 보려는 게 행사의 취지였는데 오히려 사람이 줄었다. 내가 열심히 일한 만큼 교인에게도 내심 기대한 게 있었는데, 거기에 따라 주지 않은 그들이 모두 미웠다. 빌어먹을 솜사탕 기계를 구해 오고 코스트코에서 장을 본 사람이 내가 아닌가? 그 정도면 그들도 한 시간 동안 코빼기라도 비쳐야 하는 것 아닌가?

"짐, 에이미. 지금 나디아를 위해 기도해 줍시다." 우리 교회의 환영 사역부장 스튜어트가 말했다.

누구 맘대로.

하지만 스튜어트는 아주 착하고 사랑이 많을 뿐 나처럼 못돼 먹은 구석은 전혀 없다. 그래서 나는 자신을 꾸짖었다. '나디아, 이 복을 순순히 받는 게 좋을 거야.'

그 자리에 서서 순순히 복을 받았다. 콜로라도의 햇볕과 교인들이 얹은 손으로 인해 내 검은색 사제복 상의가 따뜻해졌다. 기도를 받기가 힘들었을 뿐 이후에 벌어진 일은 신기했다. 이 이야기를 내가 남한테서 듣는다면 거짓말이나 망상이라 생각할 것이다. 이상하게 들리겠지만 스튜어트가 큰 손에 사랑을 담아 드래그 퀸처럼 내 허리를 문지르며 하나님께 애틋하게 치유를 구하자, 움켜쥔 주먹처럼 뭉쳐 있던 내 허리 근육이 쫙 편 손처럼 스르르 풀렸다. 경련도 누그러졌다.

나는 그들의 기도에 감사를 표했고, 그들은 나서서 나머지 뒷정리를 거들었다.

"이건 어디다 둘까요?" 짐이 아이스박스의 얼음을 버리며 물었다. 그가 고갯짓으로 가리키는 곳을 보니 바구니에 대해 묻는 거였다. 바구니는 텅 비어 있었다. 단돈 1달러도 없었다. 이제 나는 교회에 나오지 않은 사람만 아니라 나온 사람까지 다 미웠다. 여태 그들은 웃으며 아주 즐거운 시간을 보냈고, 양껏 먹었고, 음식을 나눠 주기까지 했다. 그런데 바구니에 1달러라도 넣은 사람이 하나도 없단 말인가. 나는 한시바삐 그곳을 뜨고 싶었다.

차를 몰고 집으로 가면서 친구 새라에게 전화를 걸었다. 샌프란시스코에 사는 새라는 똑같이 이상하지만 훨씬 더 안정된 어느 성공회 교회에서 섬기고 있다. 온통 실망스러웠던 그날 일을 그녀에게 시시콜콜 늘어놓았다. 총동원 주일에 나오지 않은 교인들은 게을러서 밉고 행사에 나온 교인들은 이기적이고 인색해서 미운데, 이렇게 전 교인을 미워하는 나는 교회를 개척한 목사로서 완전히 실패자라고 푸념했다. 말이 나온 김에 내일 새벽 4시에 일어나 비행기를 타고 시카고에 가야 한다는 말도 했다. 우리 교회에 대해 듣고 싶어 교단에서 경비를 대는 거지만, 그것은 이토록 형편없는 교인들과 실패자인 나를 그들이 몰라서 그러는 거라고 말이다.

"얘, 그냥 진실을 말해. 그게 선물이 될 거야."

될 대로 되라지.

거의 자정이 다 되어서야 지독한 원망과 자기혐오가 웬

만큼 가라앉아 겨우 잠들 수 있었다. 그런데 새벽 2시에 화들짝 놀라며 잠이 깼다. 성령께 따귀를 된통 맞았다고밖에 표현할 수 없다. 허리가 아프지 않다는 자각이 나를 강타해 오면서 내 눈이 번쩍 뜨이고 입에서 "와" 하는 탄성이 터져 나왔다. 기도를 받은 후로부터 침대에서 화들짝 놀라 깨어난 그때까지 쭉 통증이 없었다. 치유된 것이다. 지금도 허리가 좋지 않으니 일시적 치유이긴 했지만, 그래도 치유는 치유였다. 그런데 나는 자아와 감정과 어긋난 기대에 매몰된 나머지 그것을 알아차리지도 못했다.

생각해 보면 내가 알아차리지 못한 게 또 있었다. 나는 함께 지내며 거리에서 솜사탕을 나눠 주던 교인들의 기쁨도 몰랐고, 트라이앵글 공원의 배고픈 사람들이 그날 저녁만이라도 철분이 풍부한 햄버거를 먹었다는 사실도 놓쳤고, 목사를 돌봐 주는 경험이 에이미와 짐과 스튜어트에게 복이 되었다는 사실도 미처 생각하지 못했다. 인원수가 모자라고 헌금한 사람이 없다는 이유만으로 행사를 실패작이라 단정했으니, 얼마나 좁은 생각인가.

다시 오병이어 이야기가 생각났다. 수천 명이 모여 앉아 예수님의 말씀을 듣던 중에 제자들은 때가 늦었는데 아무도 피자를 주문하지 않았다는 생각이 들었다. 솔직히 그냥 다 돌려보냈으면 좋겠는데, 무리에게 먹을 것을 주어야 했다. 예수께서 "너희에게 무엇이 있느냐"고 물으셨기 때문이다. 오천 명을 먹이신 마태복음 기사에 흥미로운 대목이

나온다. 제자들이 사실상 "아무것도 없나이다"라고 답한 것이다.

"우리한테 뭐가 있지? 아무것도 없지. 떡 몇 개와 물고기 두 마리뿐이니까." 이런 말을 주고받은 후 그들은 마치 흉보를 전하듯 그분께 보고했다.

나도 제자들과 똑같은 실수를 범했다. 그들은 하나님이 "아무것도 없는" 데서 우주를 창조하셨고, "아무것도 없는" 마른 뼈에 살을 입히실 수 있고, "아무것도 없는" 불임의 태에 생명을 심으실 수 있는 분임을 잊었다. 사실 "아무것도 없는" 상태야말로 하나님이 가장 좋아하시는 작업 재료다. 어쩌면 그분은 우리가 아무것도 아니라고 일축하는 시시하고 쓸모없는 재료를 보시며 이렇게 말씀하신다. "그렇지! **저것**을 가지고서라면 내가 뭐든 해 볼 수 있겠군."

총동원 주일에 26명을 바라보던 내게도 예수께서 "너희에게 무엇이 있느냐"고 물으셨는데, 나는 "아무것도 없나이다"라고 답했다.

그렇게 나는 모든 것을 놓쳤다.

몇 시간 후에 컨퍼런스 센터에서 백 명의 목사 앞에 섰다. 준비한 파워포인트 자료를 클릭하며 모든 죄인과 성인의 집에 얽힌 이야기를 풀어 나갔다. 교회를 어떻게 시작했고 교인들이 누구인지 말했다. 덴버의 거리를 겁 없이 누비는 모든 자전거 이용자를 보호하기 위한 연례 축복 행사, 고향의 부모님 교회에서 성찬을 거부당한 교인을 위해 빵과 포도주를 공항에까지 가져다준 일, 종교개혁 기념일에 "면 죄부를 판매한" 빵 바자회 등 재미있는 이야기가 많았다.

마칠 때쯤 심호흡을 한 뒤 "어젯밤 저는 울다가 잠들었습니다"라고 운을 뗐다. 이어 솜사탕, 코스트코, 26명, 리놀륨 바닥에서 올린 기도, 트라이앵글 공원, 스튜어트의 기도, 텅 빈 바구니, 기대가 어긋난 데 대한 지독한 원망, 성령께 된통 따귀를 맞은 일까지 최대한 솔직히 전부 이야기했다.

나중에 컨퍼런스 센터에서 제공되는 터키 샌드위치와 기름진 파스타 샐러드로 점심을 먹을 때, 나와 한 식탁에 앉은 사람들은 어떻게 하면 자기네 교회도 우리 교회처럼 할 수 있겠느냐고 묻지 않았다. 대신 각자의 실패담을 들려주었다. 해고에 얽힌 불상사, 음주 문제가 있던 교회 비서, 여름성경학교에서 불거진 편애 등 웃기면서도 진지한 이야기를 나는 즐겁게 들었다. 그러면서 때로 우리가 서로에게 해줄 수 있는 최선의 일은 자신의 허물을 솔직히 나누는 것임을 깨달았다.

11

×

"파이럿 크리스천"

또 "네 이웃을 사랑하고 네 원수를 미워하라" 하였다는
것을 너희가 들었으나 나는 너희에게 이르노니 너희 원
수를 사랑하며 너희를 박해하는 자를 위하여 기도하라.

ㅡ마태복음 5:43-44

크리스 로즈브로라는 남자가 자신의 페이스북 담벼락에 나
와 둘이 찍은 사진을 올리고 "내 좋은 친구 나디아"라는 캡
션을 달았다가 된서리를 맞았다.

"파이럿(pirate, 해적) 크리스천"으로 통하는 크리스는 이
단 사냥꾼으로서 많은 팔로워를 거느린 공인이다. 인터넷으
로 송출되는 파이럿 크리스천 라디오(PCR) 방송은 그가 생
각하는 신앙에서 조금이라도 벗어나는 모든 부류의 그리스

도인을 공격한다. 그는 기독교계의 러시 림보(보수 논객—옮긴이)다. 파이럿 크리스천 라디오의 웹사이트에 그 기관이 이렇게 소개되어 있다.

PCR은 온갖 역겨운 재앙으로부터 자유로운 온라인 라디오 방송국입니다. 역겨운 재앙에는 대중 심리학, 얼빠진 유행, 자기 계발, 경건주의, 목적이 이끈다는 주의, 기복주의 이단, 명상 신비주의, 구도자 민감주의, 자유주의, 현실성주의, 이머징 허튼소리, "성경적 기독교"로 통하는 오프라 여성 종교 등이 있습니다.

본 방송국은 **유일한** 역사적 기독교 신앙을 옹호합니다.

"나는 유일한 참 신앙의 순수한 교리를 대변하며, 우리를 제외한 모든 사람이 철두철미 잘못된 이유는 다음과 같다." 이런 논조로 그는 뒷마당 방공호에 무기와 통조림과 성경책을 쌓아 두었을지도 모르는 열성팬 청중에게 어필한다.

크리스는 루터교 계보에서 분리주의와 근본주의에 가까운 루터교미주리교단(LCMS: 저자가 속한 ELCA와 더불어 미국의 양대 루터 교단을 이룬다—옮긴이) 소속이기도 하다. 두 교단은 교류를 중단한 지 까마득히 오래됐다. 마치 추수감사절 만찬에 정중히 마주앉을 수조차 없다는 듯이 말이다. 우리는 "만인을 환영하는" 헤픈 행동으로 죄인을 너무 많이 초대해 그들을 난감하게 할 것이고, 그들은 교리 경찰을 불러 불미스러운 부류를 식탁에서 쫓아내려 할 것이다. 요즘은 일종의 접근금지 명령으로 피차 선을 지키고 있지만, LCMS는 ELCA와 비슷하기보다 내 성장기의 근본주의 교회와 더 비슷하다.

그래서 페이스북에서 나를 좋은 친구라 칭한 크리스에게 팬들의 진지한 질책이 쏟아졌다. 나아가 그들은 내가 참된 기독교 신앙의 가르침을 저버렸다며 나를 위험한 변절자로 지목했다. 그런 나를 크리스가 어떻게 친구라 부를 수 있단 말인가?

친구 크리스의 페이스북 페이지가 난장판이 된 것을 보고 나는 그에게 이런 문자를 보냈다. "상황이 꽤 험악해 보이네요. 당신이 공적으로 우리의 우정을 부인해야 한다 해도 난 충분히 이해할 거고 사적으로는 여전히 친구로 남겠습니다."

그의 답신은 이랬다. "말도 안 됩니다. 당신의 친구가 되는 게 죄라 해도 내게는 귀한 우정이니까요."

하지만 우리도 처음부터 친구는 아니었다.

진보 성향인 데다 여성이고 동성애자에게 우호적인 나는 당연히 파이럿의 만만한 먹잇감이었다. 그가 라디오 프로그램의 시간을 할애해 "여자목사" 나디아 볼즈웨버의 온갖 잘못된 가르침을 비판한 것만도 여러 번이다. 사실 나도 처음에는 그게 좋았다. 당시 나는 목사로서 전국적 인지도

가 약간 쌓여 있었는데, 내 근성을 싫어하는 부류에게 주목받는 기분은 특히 짜릿했다. 생면부지의 사람이 인터넷 라디오에서 내 얘기를 20분이나 하다니, 아무리 20분 내내 비난 일색이었다 해도 그만큼 내가 중요한 사람이라는 뜻이 아니겠는가. 대개 내 머릿속에서 자존심과 분노가 서로 무대를 장악하려고 싸우는데, 낭중지추라는 말도 있듯이 결국 분노도 장시간 숨겨 둘 수 없다. 그래서 애초에 주목받는 걸 삐딱하게 즐기던 내가 머잖아 "박해받는" 데 격노했다.

결국 크리스와 나는 어느 컨퍼런스에서 조우했다. 나는 강사였고 그는 이단을 사냥하러 왔다.

"나디아, 파이럿 크리스천이 여기 와 있어요. **잘됐죠.**" 내 친구 제이 베이커가 말했다. 입술에 피어싱을 한 그는 체셔 고양이(『이상한 나라의 앨리스』에 등장하는 고양이─옮긴이)처럼 보였다. 펑크 록을 좋아하는 제이는 텔레비전 전도자 부부 짐과 태미 페이 베이커의 아들이다. 그가 유년기에 공공연한 수모와 오순절 운동을 겪고도 살아남은 방식은 여느 합리적 인간처럼 술을 통해서였다. 그러나 지금은 술을 끊고 뉴욕 브루클린의 매우 진보적인 회중인 레볼루션 교회에서 목회하고 있다. 대체로 제이와 나는 똑같은 사람들에게 미움받고 있다.

시편 23편에 "주께서 내 원수의 목전에서 내게 상을 차려 주시고"라는 말씀이 있지만, 원수가 목전에 와 있다는 제이의 말 한마디에 내 안에 쓰디쓴 분노의 감정이 끓어올라

내 인간성의 내벽을 갉았다. 나는 제이에게 파이럿 크리스천과 대화할 마음이 없으니 그가 누구인지 내게 가리켜 보이지도 말라고 했다. 그가 그냥 가 버렸으면 좋겠다고 말했다. 파이럿 크리스천은 내 원수다. 나쁜 놈이다.

이튿날 나는 복음과 용서에 대해 강연했다. 누구나 당당히 자기다워질 수 있고 그런 서로를 존중하는, 우리 교회에 대해서도 말했다. 강연이 끝난 후 여러 사람이 나와 대화하려고 줄을 서서 기다렸다. 미네소타의 큰 교회당 안에 서서 나는 최대한 관심과 기력을 긁어모았다. 각 사람을 마땅히 존중하며 응대하려면 그래야 한다. 매번 이것은 인간을 혐오하는 내 성격("사실은 당신에게 관심이 없거든요")과 내 가치관("하나님의 사랑받는 자녀인 당신의 말을 제가 마땅히 들어 드려야죠") 이 서로 싸우는 것처럼 느껴진다. 그래서 진이 빠진다. 찬양 음악에 짜증나는데 그렇지 않은 척해야 할 때와 같다. 그러고 나면 대개 잠시 낮잠을 자야 한다.

내게 다가온 한 중년 여성은 늘 신학교에 가고 싶었다며 왠지 내 축복을 바라는 것 같았다. 이어서 대화한 경박한 아가씨는 주로 내 모든 문신에 관심을 보였고, 헤어 젤을 바른 게이 청년은 눈물을 글썽이며 "이 강연을 우리 엄마가 들을 수 있다면 얼마나 좋을까요"라고 말했다.

강연 후 사람들이 내게 하는 말은 대개 그런 내용이다. 그래서 언젠가 내 주교는 우리 사제복 칼라에 대해 이런 우스갯소리를 했다. "이 작은 흰색 네모가 여기에 왜 있는지 아세요?" 그가 자신의 목깃을 가리키며 물었다. "가정에서 찍은 영화를 다들 여기에 영사하라고 있는 겁니다."

줄 맨 끝에 서 있던 사람은 술배가 나오고 염소수염을 잘 다듬지 않은 40대 중반의 남자였다.

"나디아, 크리스라고 합니다. 파이럿 크리스천이라고도 하지요." 내가 안대나 의족을 예상했는지는 잘 모르겠지만 어쨌든 졸지에 걸려든 것만은 분명했다.

'하나님, 제가 망나니짓을 하지 않도록 도와주세요.' 살아가면서 내가 기도할 때마다 거의 빠지지 않는 기도다. 그러니 공공연히 원수와 마주친 상황에서 내가 써먹을 수 있는 게 기도 말고 무엇이 있겠는가?

크리스가 악수를 청하기에 나는 그냥 꺼지라고 말하고 싶은 충동을 억누르고 손을 맞잡았다.

"이상해요, 나디아. 분명히 우리는 매사에 견해가 갈리는데, 왠지 모든 진보 그리스도인 중에서 당신하고는 몇 가지 동의할 수 있을 것 같거든요."

"그거 잘됐네요." 나는 놀라서 잠시 말을 잃었다가 대답했다. "그럼…… 음…… 그 부분에 대해 대화해 봅시다."

그렇게 나는 원수와 긴 대화를 나누었는데, 솔직해진다는 것이 영적 물고문처럼 느껴졌다. (내가 패배를 선언할 때까지 예수님이 내 머리를 물속에 누르고 계셨고, 그 물로 나는 세례를 받았다.)

파이럿과 내가 컨퍼런스 센터의 친교실 한복판에 있었기 때문에, 우리의 반목을 아는 많은 사람은 아마 결전을 예상했을 것이다. 그러나 그들이 보는 데서 우리는 자신의 망가진 모습, 고해와 면죄의 필요성, 복음이 필요한 이유, 성찬식의 의미 등에 대해 30분 동안 공개 대화를 나누었다. 대화 도중에 그는 두 번이나 울었다.

내가 만나 본 그는 다정하고 정말 똑똑한 데다 마음에 아픔이 있었다.

나는 그의 눈을 보며 말했다. "크리스, 두 가지를 말해 주고 싶네요. 하나, 당신은 하나님의 사랑받는 자녀입니다. 둘, 반대 성향인 서로에게서까지 복음을 들을 줄 아는 걸로 봐서 우리 둘은 복음을 들으려는 마음이 아주 절박한 것 같아요."

그날 하나님이 내 원수를 친구가 되게 하셔서 그 뒤로 나는 파이럿의 먹잇감이 아니었다. 이제 크리스는 나에 대해 말하거나 글을 쓰지 않는다. 대신 내게 전화한다. 때로 우리는 한 시간 동안 신학과 서로의 가정에 대해 대화한다. 논쟁할 때도 있지만 그때도 친구로서 서로를 존중한다. 그럴 것 같지 않은 두 사람이 서로에게 광야의 물을 보여 주는 것이다.

내 삶에 이런 일이 벌어질 때면 하나님이 하신 일이라고밖에 설명할 수 없다. 너무도 확연히 아름다움이나 구속(救贖)이나 화해로 충만해 있어, 내 괴팍한 성격과 야박한 마음으로는 결코 그것을 스스로 지어낼 수 없기 때문이다.

1년쯤 후에 나는 원수를 사랑하라는 주제로 설교를 준

비하느라 낑낑댈 때 친구 파이럿이 생각났다. 어떤 주는 설교자에게 다른 주보다 쉽다. 아마 교사와 폐기물 수거원과 스트립 댄서도 마찬가지일 것이다. 하지만 "또 '네 이웃을 사랑하고 네 원수를 미워하라' 하였다는 것을 너희가 들었으나 나는 너희에게 이르노니 너희 원수를 사랑하며 너희를 박해하는 자를 위하여 기도하라" 하신 예수님의 산상수훈 본문으로 설교해야 하던 그 주에, 내가 집중할 수 없었던 것만은 분명하다. 자꾸 이런 잡념이 들었다. 이웃을 사랑하고 원수를 미워하라는 말이 정확히 어디에 나오지? 예수님이 인용하신 말씀은 대부분 구약에 나오는데, 나는 구약에서 그 말을 읽은 기억이 없었다.

샌프란시스코의 친구 폴에게 전화했다. 친구 새라가 일하는 바로 그 성공회 교회의 사제인 그는 지혜롭고 재미있는 게이이며 내게는 오빠나 다름없다. 원수를 미워하라는 말을 예수님이 어디서 인용하신 거냐고 그에게 물었다.

"그건 왜? 빠져나갈 구멍을 찾으려고?" 그가 되물었다.

당연하지.

"'하나님은 스스로 돕는 자를 도우신다'는 말을 찾으려는 것과 같아. 성경에 없는 말이라는 거지."

폴의 말이 맞았다. 그 말은 성경에 없다. 그런데 분명히 내 마음속에는 DNA처럼 새겨져 있다. "네 이웃을 사랑하고 네 원수를 미워하라"는 말이 그토록 익숙하게 들리는 이유를 나는 전화를 끊으면서 깨달았다.

꼭 집 안에서부터 전화가 걸려 오는 공포 영화 같았다. 나는 적의를 마음속에서 우려먹고 싶다. 내 분노와 미움은 특별하고 정당하기 때문이다. (근본주의자, 불량배 베키, 굼벵이같 이 느린 운전자 등) 내 모든 원수가 분명히 미움받아 마땅한 이 유를 내가 속속들이 알고 있으면, 그 모두가 맛있는 정식 메 뉴처럼 느껴진다. 하지만 알고 보면 메인 코스는 바로 나다. 미움이 이렇게 자신을 좀먹는 영적 굴레이기에 예수님은 "너희 원수를 사랑하며 너희를 박해하는 자를 위하여 기도 하라"고 말씀하신다. 그분의 말씀에서 가장 거슬리는 부분 중 하나다.

"너희 원수를 사랑하며 너희를 박해하는 자를 위하여 기도하라"는 말씀을 예수님이 무슨 뜻으로 하셨을지 잘 이 해되지 않았다. 가해자를 향해 따뜻한 감정을 쥐어짜 내라 는 뜻은 아닐 테니 말이다. 심지어 마음에서 우러나야 한다 는 뜻도 아닐 것이다.

내 생각에 원수를 사랑하는 것은 워낙 복음의 핵심이 자 예수님의 심장과 맞닿아 있기 때문에, 우리 마음에서 우 러날 때까지 기다려서는 안 된다. 내 경우는 마음에서 우러 나지 않는다. 파이럿 크리스천과 악수할 때도 마음에서 우 러나서 그런 게 아니다. 이웃만 사랑하고 원수는 미워해야 한다고 충동질하는 내 마음이 가까운 시일 내에 저절로 순 결해질 리도 없다. 그러니 만일 원수를 대하는 내 마음에 친 절과 사랑과 온기와 애정과 관용이 느껴질 때까지 하나님이

기다리신다면, 아마 한없이 기다리셔야 할 것이다.

그래서 나는 "너희 원수를 사랑하며 너희를 박해하는 자를 위하여 기도하라"는 말씀에서 기도 부분이 곧 원수를 사랑하는 **비결**이 아닐까 싶었다. "하나님, 제가 망나니짓을 하지 않도록 도와주세요"라는 내 짤막한 기도는 어쩌면 하나님이 일하시도록 그분께 열어 드린 최소한의 틈새였을 것이다. 나는 기도가 응답되는 원리도 모르고 항상 응답된다는 확신도 없다. 하지만 기도가 아니라면 무슨 이유로 그날 내가 마음을 열고 원수와 대화할 수 있었겠는가.

설교에 크리스와 나의 이야기를 담았다. 친절이나 관용의 감정이 제대로 있어야만 원수를 사랑할 수 있는 게 아니라, 원수를 온전히 사랑하신 예수님께 원수를 맡겨야 한다고 말했다. 원수에게 죽임 당하신 하나님의 임재 안에서 기도해야 한다고 말했다. 그렇게 죽으실 때도 예수님은 이에는 이로 복수하거나 폭력을 쓰신 게 아니라 "저들을 사하여 주옵소서"라고 기도하셨다. 나는 설교에 "마음에서 우러나지 않을 때도 원수를 사랑하라"는 제목을 붙여 크리스에게 보냈다.

몇 달이 지나 오사마 빈 라덴이 사살된 지 딱 이틀 후에 내 아버지가 자신이 속한 남성 조찬 기도회에서 "마음에서 우러나지 않을 때도 원수를 사랑하라"는 내 설교를 읽어 주어도 되겠느냐고 물었다. 우선 알아 둘 게 있다. 아버지는 (내가 어렸을 때 다닌 교회보다 약간 덜 보수적인 교회이긴 하지만) 지금도 그리스도의 교회 교인이며, 아버지가 내 설교를 읽어 줄 대상은 (내가 알기로) 신학적으로나 정치적으로나 보수 성향인 부유한 특권층이다. 그날 늦게 통화할 때 아버지가 말했다. "나디아, 정말 위력적인 설교였다. 예수님의 가르침을 이보다 더 사무치게 표현할 수는 없을 거야. 조찬 기도회에서 읽어 주는데 실내가 쥐 죽은 듯 조용하더라." 잠시 감동했으나 "물론 누가 쓴 설교인지는 밝히지 않았지"라는 말까지 듣고는 맥이 탁 풀렸다.

나는 문자를 보냈다. "예수 그리스도의 복음을 여자가 설교해서는 안 된다고 믿는 사람일수록 자신이 방금 들은 설교를 누가 썼는지 아는 게 중요할 텐데요." 곧 답신이 왔다. "됐다. 한 가지씩 천천히 싸울 참이다."

내 기분이 더러웠을까? 당연하다. 배신감도 들었을까? 물론이다. 그러나 그 와중에도 감사한 게 있었다. 오사마 빈 라덴이 사살된 지 이틀 후라 의당 다들 "승리"에 취해 있던 그때, 원수를 사랑하라고 우리에게 명하신 예수님의 메시지를 누군가 들었다는 것이다. 그 남자들도 설교를 여자가 쓴 줄 알았다면 들을 귀가 없었을 것이다. 인간이란 존재가 이렇게도 모호하고 나약하고 지리멸렬하다. 나는 흑백 논리를 좋아한다. 정말이다. 하지만 내가 경험하는 세상은 그렇지 않다. 내가 번번이 배우거니와 세상일은 딱 두 범주로 나뉘지 않을 때가 많다.

몇 달 후 내가 처한 상황도 그랬는데, 파이럿 크리스천과 내 아버지라면 둘 다 이해할 것이다.

『소저너스』지는 '빌리브 아웃 라우드'(Believe Out Loud)
에 광고 지면을 팔지 않기로 했다. 전자는 신앙과 정치와 문
화에 대한 자칭 진보 기독교 논평으로 영성 및 사회 변화 운
동을 일으키려는 잡지이고, 후자는 교회들을 도와 성적 지
향이나 성 정체성과 무관하게 모든 사람을 온전히 포용하게
하려는 기관이다. 『소저너스』의 "하나님의 정치" 블로그에
내 이름이 필진으로 올라가 있는 데다, 내가 섬기는 교회는
이름 그대로 모든 죄인과 심지어 "퀴어를 포용하는" 곳이다.

그런데 『소저너스』의 결정에 내 말이나 행동으로 어떻
게 대응할지를 생각하다가 아주 애매한 상황에 부딪쳤다. 아
버지도 내 설교에서 내 이름을 뺄 때 틀림없이 비슷한 기분
이 들었을 것이다. 애매한 상황이란 이렇다. 내 생각에 다른
어떤 기관보다도 『소저너스』는 복음주의 그리스도인들에게
예수님을 따르는 삶의 한 핵심 요소가 빈민 구제라는 진리
를 깨우쳐 주었다. 미국 복음주의의 태반이 들을 귀가 없어
다분히 놓치고 있는 진리다. 그런 그들에게 사회 정의를 말
할 수 있는 장이 바로 『소저너스』다. 그 점이 중요하다. 기독
교 전반은 분명히 성소수자 형제자매를 온전히 포용하는 쪽
으로 가고 있지만, 많은 복음주의자들은 대체로 아직 거기에
이르지 못했다. 이런 상황에서 『소저너스』가 성소수자를 수
용하는 입장을 취했다면 교회 보수 진영에서 빈민을 대변할
힘을 잃었을 것이다. 내 진보 그리스도인 친구와 동료의 다

수는 『소저너스』 보이콧을 부르짖었고 나도 이를 존중했다. 다만 나는 거기에 합류할 수 없었다. 합류한다면 문제를 두 범주와 두 꼬리표로 좁히는 셈인데, 본래 흑백 논리의 허튼 소리에 환장하는 나인지라 이를 깔끔히 차단해야 한다.

나는 이 모순된 상황에 대응하는 게시물을 써서 우리 교회의 한 젊은 트랜스젠더 남자와 한 게이에게 보내 검토를 부탁했고, 그들이 괜찮다기에 블로그에 올렸다.

악플이 줄을 이었는데 이번에는 진보층의 공격이었다. 그들의 말은 이런 것이었다. "당신은 배신자다. 예수님은 당신처럼 사람을 가리지 않았다. 상대가 성소수자가 아니라 흑인이어도 당신 생각이 똑같을까? 성소수자를 교회 밖으로 아주 몰아내고 있는 당신은 창피한 줄 알아야 한다."

보수 이단 사냥꾼에게 공격받을 때는 내 자존심이 부풀었을지 몰라도 같은 편에게 당하는 공격은 끔찍했다. 댓글이 올라올 때마다 득달같이 읽느라 그날은 별로 한 일이 없다. 꼭 집집마다 돌아다니며 자청해서 따귀를 맞는 것 같았다.

이런 생각이 들었다. '하지만 나를 포함해 여덟 명이 교회를 개척할 때 그중 넷이 퀴어였잖아.' 우리 교회는 퀴어를 "포용하는" 게 아니다. 기원으로 보나 리더들로 보나 문화로 보나 모든 죄인과 성인의 집은 늘 어느 정도 퀴어 자체였다.

"나쁜 놈들." 나는 애꿎은 남편에게 내뱉었다. 상황을 모르는 매튜는 마침 마실 것을 가지러 거실을 지나가던 중이었다. "나는 하루하루를 이 바닥에서 살고 있어. 너희 입진 보 댓글러한테는 뭐가 있지? 아, 소신이 있지. 너희 소신이 더 낫다고? 그러셔? 에라, 엿이나 먹어라."

매튜는 꼼짝없이 잡혔다는 표정으로 나를 봤다. '나 좀 보내 줘. 나한테 무슨 말을 듣고 싶은지만 말해 줘.'

물론 나는 내 분노가 두 가지 사실을 감추려는 가면에 불과함을 알았다. 하나, 나는 정말 상처받았다. 둘, 블로그 댓글에 상처받았다는 게 창피했다. 보수층의 비난이야 나도 상관하지 않았지만 같은 편에게 비난받기는 처음이었다.

전화기가 진동하는데 무시하고 싶었다. 하지만 블로그 댓글을 실시간으로 읽을 만큼 자아에 매몰된 내가 문자를 씹기는 쉽겠는가?

전화기를 내려다보니 아직 스크린에 불이 들어와 있었 다. 파이럿 크리스천 크리스의 문자였다. "상황이 꽤 험악해 보이네요. 어떻게 버티고 있나요?"

"힘드네요!" 그렇게 답하자마자 그에게서 전화가 왔다.

그렇다. 교회 안에 성소수자를 포용하는 문제에서 크리 스는 나나 입진보 무리와는 입장이 다르지만, 내가 같은 진 영에게 조리돌림 당하고 있을 때 유일하게 내게 전화를 걸 어 준 사람은 바로 정반대 입장에 서 있던 그였다. 같은 진영 에게 조리돌림 당하는 엿 같은 기분을 그도 알았던 것이다. 크리스는 나를 사랑한다며 기도해 주겠다고 말했다. 내가 그의 원수인데도 말이다.

안식 후 첫날 일찍이 아직 어두울 때에
막달라 마리아가 무덤에 와서 돌이
무덤에서 옮겨진 것을 보고 시몬 베드로와
예수께서 사랑하시던 그 다른 제자에게
달려가서 말하되 "사람들이 주님을
무덤에서 가져다가 어디 두었는지 우리가
알지 못하겠다" 하니…… 마리아는 무덤
밖에 서서 울고 있더니 울면서 구부려 무덤
안을 들여다보니 흰옷 입은 두 천사가
예수의 시체 뉘었던 곳에 하나는 머리
편에, 하나는 발 편에 앉았더라. 천사들이
이르되 "여자여, 어찌하여 우느냐." 이르되
"사람들이 내 주님을 옮겨다가 어디
두었는지 내가 알지 못함이니이다." 이 말을
하고 뒤로 돌이켜 예수께서 서 계신 것을
보았으나 예수이신 줄은 알지 못하더라.
예수께서 이르시되 "여자여, 어찌하여 울며
누구를 찾느냐" 하시니 마리아는 그가
동산지기인 줄 알고 이르되 "주여, 당신이

옮겼거든 어디 두었는지 내게 이르소서.
그리하면 내가 가져가리이다." 예수께서
"마리아야" 하시거늘 마리아가 돌이켜
히브리 말로 "랍오니" 하니 (이는 선생님이라는
말이라) 예수께서 이르시되 "나를 붙들지
말라. 내가 아직 아버지께로 올라가지
아니하였노라. 너는 내 형제들에게 가서
이르되 '내가 내 아버지 곧 너희 아버지, 내
하나님 곧 너희 하나님께로 올라간다' 하라"
하시니 막달라 마리아가 가서 제자들에게
"내가 주를 보았다" 하고 또 주께서
자기에게 이렇게 말씀하셨다 이르니라.

12

×

아이티와 십자가의 길

나는…… 잠잠하지 아니하며 예루살렘을 위하여 쉬지
아니할 것인즉. —이사야 62:1

2012년 1월 우리 가족은 일주일간 샌디에고로 여행을 가서
나흘 동안 대략 위치타(캔자스주에서 가장 큰 도시—옮긴이) 크기
의 크루즈에서 즐겁게 지냈다. 두 아이는 크루즈의 재미와
자유에 푹 빠졌으나 나는 시종 식탐과 절약 사이에서 싸우
느라 피곤했다. 24시간 무한 리필 뷔페가 좋으면서도 그로
인해 음식물이 대량으로 버려지는 게 싫었다. 결국 식탐이
이겼다. 내가 많이 먹을수록 버려지는 음식물이 줄어들 거
라고 합리화했다. 나는 악덕을 미덕으로 둔갑시키는 데 선
수이며, 특히 쿠키나 나초에는 사족을 못 쓴다.

샌디에고에서 하선한 우리는 과식으로 살이 오른 몸을 후끈 달아오른 렌터카에 겨우 집어넣었다. 거기서 하룻밤을 더 보낸 후 집으로 돌아갈 예정이었다. 그런데 뉴스 방송국에 맞춰져 있던 차의 라디오에서 아이티 뉴스가 나왔다.

크루즈의 식곤증에서 화들짝 깨어난 우리는 수만 명이 사망하고 수십만 명이 집과 먹을 것과 가족을 잃었다는 보도를 들으며 경악했다. 설상가상으로 수돗물까지 끊겼다고 했다.

그걸로 휴가는 끝이었다.

목사들은 휴무에서 근무로 전환하는 데 아주 빠르다. 나 역시 일요일에 설교해야 한다는 생각밖에 없었다. 일요일에 설교해야 한다. 이런 대참사가 벌어졌으니 교인들은 내가 설교 시간에 무슨 말이든 해 주기를 바랄 것이다. 그 주의 지정 복음서 본문이 무엇인지 궁금했으나 매튜도 기억하지 못했다.

크루즈에 타기 전에 묵었던 호텔에 도착한 우리는 두 아이에게 수영복을 입혀 수영장에 나가 놀게 했다. 이때부터 나는 로비에 앉아 컴퓨터를 켜고 인터넷으로 지진 뉴스를 검색했다. 상실과 폐허의 광경이 쏟아져 나왔다. 많은 블로거가 밤낮없이 일하고 있었고, 뉴스 속보는 현장의 상황을 따라가기 힘들 정도였다. 나는 마지막 한 조각까지도 놓치지 않으려 애썼다. 어디서든 뭔가 기쁜 소식을 찾아내 설교 시간에 함께 전하고 싶었다.

그러다 걸려든 기사가 이번 지진에 대한 텔레비전 전도자 팻 로버트슨의 반응이었다. 로버트슨은 자신의 사상적 기반이라는 음습하고 낙후된 신학적 소굴에서 기어 나와 미국인에게 지진의 발생 원인을 가르치려 들었다. 아이티가 마귀와 계약을 맺어서 이런 결과를 자초했다는 것이다.

이번에도 내 짐을 덜어 주다니 역시 팻 로버트슨이다. 내가 뭐라고 설교한들 그보다는 덜 미친 소리로 들릴 것이다.

창밖을 내다보니 당시 열한 살과 아홉 살이던 하퍼와 주다가 수영장에서 물싸움을 하고 있었다. 몇 분만 더 지나면 진짜 싸움이 날 것 같아 얼른 뉴스 사이트에서 나와 성서 정과를 검색했다. 다가오는 일요일의 지정 본문이 무엇이든, 내가 할 말을 찾아내는 데 도움이 되었으면 싶었다. 말할 수 없는 비극에 부딪칠 때면 사실 나도 누구 못지않게 혼란에 빠져 믿음이 흔들리기 때문이다.

지정 본문은 가나의 혼인 잔치에서 물로 포도주를 만드신 예수님의 첫 기적이었다. 눈앞이 아찔했다. 예수께서 큰 잔치에 포도주가 떨어지지 않게 해 주셨다. 지금 누가 그런 말을 듣고 싶겠는가? 서반구에서 가장 가난해 그러잖아도 폐허에 가깝던 나라가 이번 일로 아예 잿더미로 변한 마당에, 하나님이 후히 베푸신다는 달콤한 기적 이야기를 듣고 싶은 사람이 있을까? 아이티의 거리마다 목마른 사람뿐인데 포도주가 차고 넘친다는 설교가 가당키나 한가 말이다.

본문을 읽고 있는데 한 교인이 내게 전화해 기도를 부

탁했다. 우리 교회의 선창자 드루였다. 그의 친한 친구인 젊은 루터교 신학생이 아이티에서 집 짓는 봉사를 하다가 지진으로 건물이 무너져 사망했다는 것이다. 설교자의 악몽이었다. 드루가 친구 벤을 애도하고 수천의 엄마가 자식을 애도하는 이때, 누가 감히 화수분 같은 포도주 잔치를 거론한단 말인가?

아이티 대지진은 하나님에 대한 많은 의문을 불러일으켰지만 그중 파티와 관계된 것은 하나도 없다. 그 주에 내가 읽은 한 블로그의 무신론자 작가는 이 지진을 하나님을 믿을 수 없는 논거로 내세웠다. 수많은 사람에게 이런 고난을 가하는 신을 도저히 믿을 수 없다는 것이다. 이 기준대로라면 솔직히 나도 무신론자가 될 수밖에 없다. 그런 신은 나도 믿지 않으니까 말이다.

팻 로버트슨과 이 무신론자는 둘 다 고난이 하나님에게서 기인한다고 보는 것 같다. 로버트슨의 경우 하나님은 로버트슨이 싫어하는 모든 사람을 벌하려고 고난을 유발하시고, 무신론자의 경우 하나님은 지진과 그에 따른 모든 고난을 유발했으므로 신앙의 대상이 될 자격이 없다. 어쨌든 하나님은 하늘의 비정한 심술보다. 신의 확대경으로 우리를 개미처럼 태워 죽이는 부적응자 아이 같다. 그런 식으로 보려는 충동이야 나도 이해하지만 설교자로서 강단에서 그렇게 말할 수는 없다.

그래서 이후 이틀 동안 나는 가나의 혼인 잔치 이야기

를 몇 번이고 읽고 또 읽었다. 뭔지 모르지만 뭐든 찾아내고 싶었다. 그러다 문득 마리아가 눈에 들어왔다. 마치 여태 이 야기 속에 숨어 있었다는 듯이 말이다. 본문이 어떻게 우리 의 애도와 혼란과 연결되는지 보려면, 우리 주님의 어머니 인 당황한 마리아가 그 열쇠일 것 같았다.

물로 포도주를 만드신 이야기의 무대인 혼인 잔치에서 예수님과 어머니 사이에 내가 보기에 약간 뜬금없고 어색한 대화가 오갔다. 잔치 중에 마리아가 아들을 보며 포도주가 떨어졌다고 말한다.

예수님은 어쩌면 무례하다 싶은 어조로 "여자여, 내 때 가 아직 이르지 아니하였나이다"라며 일단 어머니의 청을 거절하신다.

그러자 마리아는 "미안하지만 그렇게는 안 되겠네"라고 되받는다. 물론 정확히 그렇게 말한 건 아니고 그냥 하인들에 게 "너희에게 무슨 말씀을 하시든지 그대로 하라"고 이른다.

포도주 장면에서 아이티 참사 현장으로 넘어가는 게 좀 비약이긴 하지만, 이때부터 내 머릿속에는 예수님의 옷깃을 잡고 이렇게 말하는 마리아가 그려졌다. "나는 잠잠하지 않 으려네. 물론 아들의 뜻에 따르겠고 하인들에게도 그러라고 하겠네만, 그래도 사람들이 목마르니 나는 잠잠하지 않으려 네." 요한복음에서 마리아는 기이한 일을 마음에 새기는 처 녀도 아니고 노래하는 천사들에게 둘러싸여 있지도 않다. 이름조차 언급되지 않는다. 그냥 "예수의 어머니"이다.

그래서 지진이 나던 그 주에 내게는 마리아가 잠잠하지 않았던 많은 선지자 중 하나로 보였다. 선지자 마리아가 서서 말한다. "주여, 우리에게 포도주가 떨어져 사람들이 목마르나이다."

결국 예수님은 어머니의 말을 들으신다.

마리아는 요한복음에 딱 두 번 나오는데 두 번 다 아들에게 "여자여"라고 불린다. 한 번은 이 혼인 잔치에서이고 또 한 번은 십자가 밑에 서 있을 때다. 마리아는 자신의 아들이자 주님이 죄 없이 십자가에 달리신 모습을 바라본다. 온 세상의 고난에 짓눌려 그분의 살이 찢긴다.

그래서 나는 어설프게나마 가나의 혼인 잔치와 십자가를 연결하려 했다. 마리아가 딱 두 번 거기에만 등장하기 때문이다. 무리였을 수 있다. 아마 나는 팻 로버트슨과 그 무신론자에게 답하려 했을 것이다. 그러나 하나님이 도대체 어디 계시나 싶은 그때, 이 무관해 보이는 본문에서 내가 답을 찾을 만한 실마리라고는 십자가를 바라보는 마리아뿐이었다. 십자가에서 하나님은 우리 인간의 비극 속으로 들어오신다.

고난에 대해서라면 이 책에 이미 썼지만, 또 쓰려 한다. 고통과 비극을 다루는 것이 목사서로 내 주된 책임에 속하기 때문이다. 많은 사람이 고난 속에서 내게 하나님을 찾아 달라고 청한다. 슬픔 속에서 하나님을 찾으려 할 때마다 나는 늘 십자가의 예수님께 이른다. 다시 죽음과 부활이다.

우리 하나님은 그런 분이다. 멀리 계시는 심판자나 사디스트가 아니라 눈물을 흘리시는 하나님이다. 우리를 위해서만 아니라 우리와 함께 고난당하시는 하나님이다. 고난 중에 계시는 하나님의 임재가 십자가만큼 절절하게 느껴지는 곳은 없다. 그러니 내가 할 수 있는 일은 하나님이 고난을 유발하기는커녕 오히려 고난을 친히 담당하신다는 고백밖에 더 있겠는가? 내가 믿어야 할 하나님은 고난을 일으키는 게 아니라 고난을 변화시키시는 분이다.

요한복음 본문은 이렇다.

예수의 십자가 곁에는 그 어머니와 이모와 글로바의 아내 마리아와 막달라 마리아가 섰는지라. 예수께서 자기의 어머니와 사랑하시는 제자가 곁에 서 있는 것을 보시고 자기 어머니께 말씀하시되 "여자여, 보소서. 아들이니이다" 하시고 또 그 제자에게 이르시되 "보라, 네 어머니라" 하신대…… 그 후에 예수께서 모든 일이 이미 이루어진 줄 아시고…… 이르시되 "내가 목마르다" 하시니.

그분은 말씀하신다. "내가 목마르다. 나는 지금 이것을 먼 하늘에서 보고 있는 게 아니다. 나도 목마르다."

그 일요일에 나는 교인들에게 물었다. 아이티 형제자매의 절규를 들으면서 혹시 우리는 그 속에 섞여 있는 다른 음성도 알아들을 수 있을까? "그들이 목마르나이다"라고 말하는 마리아의 음성과 "나도 목마르다"라고 말씀하시는 그리스도의 음성도 들을 수 있을까?

설교란 한번 놓아 보내면 그걸로 끝이다. 설교가 일단 청중의 귀에 들어가면 그것이 창조로 이어질지 파멸을 낳을지 알 수 없으며 잠복기를 거칠 때도 있다. 그러나 때로 설교만으로는 내가 바라는 결과를 얻을 수 없다(사실은 그럴 때가 대부분이다).

몇 달 전 친구 새라가 내게 이라크의 아부 그라이브 교도소에 갇힌 한 구금자의 사진을 보여 주었다. 두건으로 얼굴이 가려진 채 벌거벗은 몸으로 바닥에 무릎 꿇은 그는 자신의 생식기와 인간성을 동시에 보호하려는 듯 보였다. 새라는 의미심장한 눈빛으로 나를 보며 십자가의 길 14처 중 하나를 읊었다. "예수님이 첫 번째로 넘어지시다."

거기서 착안했다. "이런 비극이 발생했으니 올해는 우리가 십자가의 길 14처를 뉴스 사진으로 꾸미면 어떨까요?" 예배 이틀 전 회의 시간에 내가 전례 부원들에게 물었다. 십자가에 대해 설교하기로 최종 확정한 뒤였다. 우리는 사순절 전례를 기획하던 중이었고, 나는 설교만으로 비극의 상처를 달래기에 부족함을 알기에 우리 마음과 생각을 정화하여 다시 십자가로 이끌어 줄 보완책을 찾고 싶었다.

십자가의 길이란 예배자가 길을 걷거나 실내를 빙 돌면서 예수님의 고난과 죽음을 담은 14처의 상징적 장면을 묵상하는 전통적 기도 방식이다. 사형 선고를 받으실 때부터 무덤에 묻히실 때까지의 그분을 차례로 만나는 것이다.

그래서 그 일요일에 우리는 교인들에게 『타임』, 『뉴스위크』, 『이코노미스트』 등의 뉴스 잡지를 나눠 주었다. 설교 후에 으레 10분 정도 기도하며 반응하는 자유 시간이 있는데, 그때 교인들이 조용히 잡지를 넘기다가 중간중간 가위로 얇고 반들반들한 종이를 잘랐다. 결국 우리가 사순절에 쓰려고 만든 십자가의 길 14처는 모두 아이티 지진 뉴스 사진에서 나왔다.

1. 예수님이 사형 선고를 받으시다: 지진계 바늘이 빠르게 움직이며 남긴 까만 선 뭉치를 한 손가락이 가리켜 보인다.

2. 예수님이 십자가를 지시다: 의료 마스크를 쓴 한 남자가 관짝을 나르는 것을 거든다.

3. 예수님이 첫 번째로 넘어지시다: 공중에서 찍은 사진 속에 도시 한 블록에 맞먹는 수많은 건물이 붕괴되어 있다.

4. 예수님이 어머니를 만나시다: 머리에 흰 수건을 두른 아이티 아낙이 무릎 꿇고 두 팔을 벌린 채 비통한 표정을 짓는다. 뒤쪽으로 한 무리가 서 있다.

5. 시몬이 십자가를 대신 지다: 두 남자가 관짝을 나른다.

6. 베로니카가 예수님의 얼굴을 닦아 드리다: 망연자실하여 앉아 있는 한 할머니의 머리를 빨간 웃옷 차림의 여자가 몸을 굽혀 어루만진다.

7. 예수님이 두 번째로 넘어지시다: 바닥에 널브러진 부상자와 사망자의 피가 그야말로 거리를 적신다.

8. 예수님이 여인들을 만나시다: 세 여자가 손에 묵주를 들고 서로 끌어안는다. 앞쪽에서 흰옷 차림의 한 여자가 눈을 감고 손을 들어 기도한다.

9. 예수님이 세 번째로 넘어지시다: 공중에서 찍은 다른 블록의 사진 속에 도시의 건물들이 완전히 붕괴되어 있다.

10. 예수님의 옷을 벗기다: 거의 벌거벗은 시신들이 저만치에 무더기로 쌓여 있다.

11. 예수님이 십자가에 못 박히시다: 한 여자가 양팔을 옆으로 활짝 뻗은 채 바닥에 누워 고개를 들고 울부짖는다.

12. 예수님이 운명하시다: 집에서 만든 이불과 외투에 덮인 시신들이 길가에 널려 있고 멀리서 세 남자가 관을 나른다.

13. 예수님을 십자가에서 내리다: 한 남자의 시신을 철판에 실어 건물에서 내린다.

14. 예수님이 묻히시다: 흙먼지에 덮인 한 시신이 붕괴된 건물의 잔해 속에 묻혀 있다.

우리는 예수님이 아이티에 계셨다고 의지적으로 믿는다. 분명히 그분은 그 자리에 계셨다. 계셨기를 바란다. 계셨어야 한다. 그분은 거기에 계셨다. 그 속에 함께 계셨다. 우리는 잠잠하지 않으리라. 팻 로버트슨이 틀렸다.

13

×

귀신과 눈 천사

예수께서 성령의 충만함을 입어 요단강에서 [세례를 받
고] 돌아오사 광야에서 사십 일 동안 성령에게 이끌리시
며 마귀에게 시험을 받으시더라. 이 모든 날에 아무것도
잡수시지 아니하시니 날수가 다하매 주리신지라. 마귀
가 이르되 "네가 만일 하나님의 아들이어든 이 돌들에게
명하여 떡이 되게 하라." ─누가복음 4:1-3

애셔의 개명을 돕던 날 우리는 여자였던 그를 위해 작은 제
단을 꾸몄다. 드레스를 입고 긴 머리에 리본을 묶은 아가씨
시절의 사진 두 장을 탁자에 올리고, 옛 이름 메리 크리스틴
캘러핸을 정성스럽게 종이 띠에 써서 사진 앞에 두었다. 흰
양초 한 자루의 불빛에 이름이 색을 바꿔 가며 일렁였다. 여

자였던 그를 기리는 제단에 애정이 넘쳐났다.

우리에게 그 아이디어가 떠오른 것은 한 달 전쯤 메리가 여성에서 남성으로, 메리에서 애셔로 전환하겠다고 발표했을 때였다.

"우리가 무엇을 해 주면 좋을까요?" 빤하거나 실없는 말을 피하자니 그 말밖에 떠오르는 게 없었다. 결국 우리는 주님의 세례 주일(예수님이 요한에게 세례 받으신 일을 기념하는 날—옮긴이)을 지킬 때 전례에 개명 의식을 넣기로 했다. 그때 하나님이 예수님을 "내 사랑하는 아들"이라 부르셨는데, 이를 기리는 전례 도중에 메리는 애셔로 바뀔 것이다.

애셔도 나처럼 그리스도의 교회에서 자랐기에 우리는 즉시 동질감을 느꼈다. 피비린내 나는 전투에서 함께 싸우다 살아남은 전우와 비슷했다. 뛰어난 지성의 소유자인 애셔는 턱선이 각지고 영혼의 상처가 깊은 데다 한번 웃음이 터지면 주체할 줄 모른다. 언젠가 그가 내게 이런 말을 했다. 자신의 성 정체성에 대해 처음 의문이 들던 무렵, 의도는 좋지만 인식이 완전히 잘못된 한 그리스도인 심리 치료사가 그에게 고무줄을 팔목에 차고 있다가 동성애가 생각날 때마다 고무줄을 늘여 팔목을 탁 치라고 했다는 것이다. 물론 유익한 제안이 아니었다.

애셔는 내게 21세기 트랜스젠더 버전의 사도 바울이나 마르틴 루터를 연상시켰다. 기독교의 기틀을 다진 두 거장처럼 그도 선한 사람, "하나님 앞에 의로운" 사람이 되려는 열망이 뜨거웠다. 다소의 사울은 가장 독실한 유대교인으로서 그리스도인을 박해했다. 그런데 예수님을 따르는 이들을 몇 명 더 죽이려고 어느 도시로 향하던 길에서 환상 중에 그리스도를 봤다. 그분은 "이봐, 이건 나를 죽이는 거야. 그만해"라고 말씀하셨다. 그 뒤로 사울은 바울이 됐다. 최고의 유대교인에서 최고의 그리스도인으로 돌아선 것이다. 다만 그가 중간에 깨달았듯이, 누구도 자신의 힘으로는 그렇게 바뀔 수 없다. 그제야 비로소 바울은 은혜를 깨달았다. 우리를 개명하시고 사랑하시는 하나님의 능력이 개명과 사랑을 받을 자격을 갖추려는 우리의 능력보다 언제나 더 크다는 사실을 마침내 깨달은 것이다.

이와 비슷하게 1,500여 년 후의 마르틴 루터도 하나님을 약간 거칠게 만났다. 역시 길에서였다. 아우구스티누스회 수사였던 루터는 어찌나 열심히 선한 사람이 되려 했던지, 그의 고해 신부가 너무 심하다며 그를 걱정했을 정도다. 아우구스티누스회에서 그 정도면 정말 대단한 경지였다. 그러나 자기 딴에 죄를 다 고해했어도 그중 하나를 깜빡 잊었거나 다시 죄짓고 미처 고해하지 못할 수도 있다는 생각이 루터를 괴롭혔다. 그렇게 힘들어하던 1517년 어느 날 그는 바울의 로마서를 읽었는데, 구원이 우리의 "행위"로 말미암지 않고 은혜로 말미암는다고 되어 있었다. 그것을 읽고 그는 여태 자신이 속았음을 깨달았다. 로마 가톨릭교회에서 정해 준 대로 해야만 "하나님 앞에 의롭게" 될 수 있다고 배웠던 것이다. 교회가 정해 준 의무란 곧 사제에게 고해하고, 기도로 속죄하고, 호화 교회당을 짓도록 헌금하는 것이었다. 그 밖에도 교회에서 지어낸 일이 아주 많았다. 무엇이 개신교 종교개혁의 불씨가 되었는지 알고 싶다면, 그것은 바로 마르틴 루터가 하나님과 교회에 대한 거짓말을 더는 믿지 않았다는 사실에 있다.

마침내 은혜를 깨달은 루터는 이전으로 돌아갈 수 없었다.

500년 후에 메리 캘러핸도 선한 사람이 되고자 고뇌했다. 교회에서 배운 분노와 진노의 하나님께 죄를 자백했고, 퀴어와 남자가 되지 않으려 애썼고, 열심히 기도했고, 필요하다면 고무줄로 팔목을 아프게 하기도 했다. 어렸을 때도 자신이 구원받지 못하면 어쩌나 불안해서 밤잠을 못 이루곤 했다. '나는 하나님께 사랑받을 만할까? 이만큼 했으니 구원받을 수 있을까? 더 열심히 해야 되지 않을까?' 종종 그녀는 자신이 저주받는 꿈을 꾸었다. 꿈속에서 자신을 정죄하는 목소리가 들려왔다.

대학 시절에 그녀는 기독교 동아리에서 열심히 활동했고 신앙도 아주 독실했지만, 결국 동성애자라는 이유로 쫓겨났다. 아무리 하나님께 사랑받으려 노력해도 동성애자는 이미 실격이었다.

그래서 메리는 몇 년 후 모든 죄인과 성인의 집에 왔을 때, 진리대로 살려는 우리를 보고 이전의 바울과 루터처럼 진리를 받아들였다. 바로 하나님이 모든 사람에게 은혜를 거저 베푸시고, 우리는 다 하나님의 사랑받는 자녀이며, 그분의 사랑이 우리의 행위에 따라 더 커지거나 작아질 수 없다는 진리. 진리를 믿자 모든 것이 달라졌다. 어쩌면 난생처음 메리는 드디어 자기다워져도 안전하겠다는 생각이 들었다. 자기다워지려면 남자로 전환하여 남자로 살아야 했다.

애셔의 개명 예식이 있을 무렵에 나도 정체성 문제로 힘들었다. 모든 죄인과 성인의 집에 과도히 동화한 결과 내 자존감이 교회의 성패와 너무 맞물려 있었고, 그럴수록 내가 쓸모없는 존재인 것 같아 제대로 일할 수 없었다. 샤워할 때든 산책할 때든 잠을 잘 때든 나는 아주 구체적인 낙심의 생각과 싸우곤 했다. 전쟁 포로에게 써먹던 고문 기술처럼 똑같은 "노래"가 내 머릿속에 계속 재생되었다. 가사는 이런 식이었다.

개척 교회는 대부분 18개월 내로 망한다.

너는 곧 공개 망신을 당할 것이다.

네가 이 일의 적임자가 못 된다는 게 곧 모두에게 알려질 것이다.

주교는 네 뒤를 봐주지 않고 교단 관료는 언제라도 너를 배신할 것이다.

그동안은 설교 작성에 재미를 봤다만 이제 끝났다. 너는 곧 실패할 것이다.

입에 착착 붙는 말이 아닌데도 이런 "가사"가 귀신의 유행가처럼 내 머릿속에 들러붙었다. 주님의 세례 주일 설교를 작성해야 하던 주이자 애셔의 이름이 메리로 바뀔 그 주에도 똑같은 가사가 드릴 촉처럼 내 두개골에 구멍을 뚫는데, 나는 속수무책이었다. 머릿속의 악한 뮤지컬 공연을 차단하고 예수님이 세례 받으신 후 "내 사랑하는 아들"이라 불리신 내용으로 본격적인 설교 준비에 돌입하려 했지만, 뜻대로 되지 않았다.

내가 귀신과 싸우고 있는 건가 하는 생각도 들었지만, 외부의 뭔가가 나를 낙심시키려는 것이라면 난감한 노릇이다. 분명히 나는 귀신을 아예 믿지도 않기 때문이다. 그래도 뭔가가 나를 노리는 것만 같았다. 나는 귀신이나 마귀나 "통치자들과 권세들"에 대한 생각을 별로 좋아하지 않으며, 그 모두를 웬만한 중산층 주류 개신교도처럼 도도하게 신학적으로 경멸하는 편이다. 내게 그것은 어이없이 뱀을 집어 올리는 미신 행위와 같고(마가복음 16장 18절에 근거하여 일부 교회에서 행하는 의식—옮긴이), 영적 몬스터 트럭 레이스에 해당하는 황당한 일과 같다. 기독교 일각에서 들려오는 귀신의 세력 운운하는 말은 기껏해야 배우지 못한 무지의 소산이고, 최악의 경우에는 자신의 죄를 남 탓으로 돌리는 변명일 뿐이다. 마귀가 시켜서 한 일이라면, 스스로 원해서 했더라도 그 사실을 직시할 필요가 없을 테니 말이다. 남용하기 딱 좋다. 애셔를 비롯한 우리 교인 일부도 다른 그리스도인들이 마치 영적 전투와 문화 전쟁이 하나라는 듯 소위 동성애 귀신을 쫓아내려는 바람에 피해를 입었다. 그래서 애셔의 개명식이 있던 일요일에 나는 귀신의 세력을 거론해야 할지도 모른다는 생각에 속이 불편했다.

하지만 선택의 여지가 없었다. 여자목자이자 수호성인으로서 내게 큰 힘과 의욕을 불어넣어 준 막달라 마리아도 귀신 들렸다 고침 받았는데, 그녀를 새긴 내 팔뚝의 문신을 보노라니 이 주제로 설교해야 한다는 게 분명해졌다. 예수님이 세례 받으신 직후에 벌어진 일 속에 애셔와 나 둘 다에게 주는 중요한 메시지가 있을 수도 있음을 본문을 공부하다 깨달았기 때문이다.

하늘로부터 소리가 있어 말씀하시되 "이는 내 사랑하는 아들이요 내 기뻐하는 자라" 하시니라. 그때에 예수께서 성령에게 이끌리어 마귀에게 시험을 받으러 광야로 가사…… 시험하는 자가 예수께 나아와서 이르되 "네가 만일 하나님의 아들이어든 명하여 이 돌들로 떡덩이가 되게 하라." 예수께서 대답하여 이르시되 "기록되었으되 '사람이 떡으로만 살 것이 아니요 하나님의 입으로부터 나오는 모든 말씀으로 살 것이라' 하였느니라" 하시니.

그 시점에서 가장 근래에 하나님의 입으로부터 나온 말씀은 바로 "이는 내 사랑하는 아들이요 내 기뻐하는 자라"였

다. 정체성이다. 언제나 이것이 하나님의 첫수다. 우리가 옳
거나 그른 행동을 단 하나도 하기 전에 하나님은 우리를 그
분의 것으로 부르시고 취하셨다. 그런데 거의 그 직후에 다
른 것들이 우리가 누구이고 누구에게 속한 자인지를 말해
주려 든다. 자본주의, 다이어트 업계, 부모, 학교 아이들이
모두 우리의 정체성을 규정하려 든다. 하지만 그것은 하나
님만이 하실 수 있는 일이다. 나머지는 다 시험이다. 귀신이
란 우리가 누구인지를 말해 주려 드는, 하나님 이외의 모든
것이라 정의할 수 있다. 예수님이 마귀의 시험에 넘어가려
면 정체성이 흔들리고 하나님과의 관계를 의심해야만 한다.
세례 받으신 지 얼마 안 되는 예수님께 마귀가 "네가 만일 하
나님의 아들이어든……"이라고 운을 뗀 이유도 아마 그래서
일 것이다.

　　그래서 하나님의 첫수가 우리에게 정체성을 부여하시
는 것이라면, 마귀의 첫수는 그 정체성에 의문을 제기하는
것이다. 정체성은 실패에 감긴 실의 끄트머리와 같아서 그
것만 잡아당기면 전체가 다 풀린다.

　　너무 오랜 세월 나는 그리스도의 교회나 가족이나 사회
가 보는 내가 곧 하나님이 보시는 나와 똑같다고 믿었다. 그
런데 알고 보니 너무나 빤히 드러나 있는데도 우리 대부분
이 보지 못하는 사실이 있었다. 우리의 정체성은 남이 나를
어떻게 보는가와 전혀 무관하다는 것이다. 그래도 남의 말
에 혹하기 쉽다. 예수님께 그것이 시험 거리가 됐다면 나머

지 우리에게야 말할 것도 없다. 이 시험에 넘어가면 자기혐오나 자아도취, 우울이나 교만, 자멸이나 방종에 빠지게 돼 있다. 하나님이 주시는 정체성이 흔들리고 그분과의 관계가 흔들리면, 누구라도 자신의 고유한 가치를 그만큼 의심하기 쉽다.

생각해 보니 이전의 내 정체성은 교회나 남자친구나 내 망상이 정해 주는 대로였다. 그래서 애셔가 메리였던 자신을 위해 작은 제단을 꾸미던 그 일요일에, 나는 마음을 다잡고 귀신에 대해 설교했다. 마침내 침을 꿀꺽 삼킨 뒤 회중에게 고백했다. 영적 전투를 믿을 마음은 조금도 없지만 지난 2년 사이에 내 생각이 조금씩 바뀌었다고 말이다. 이제 나는 세상과 우리 삶 속에 하나님을 대적하는 세력이 정말 있다고 본다. 그런 세력이 어디서(우리 내면인지 외부인지) 어떤 모양으로(실제 귀신인지 그냥 인간의 어두운 면인지) 오는지는 확실히 모르지만, 더는 그 존재를 외면할 수 없다.

마귀나 악이나 어둠은(어떻게 부르든 간에) 우리 삶 속에 숨 막히리만치 정밀하게 파고든다. 맞춤형 방사성 동위 원소처럼 하나님의 자녀라는 우리의 정체성에 의문을 제기한다. 밀려오는 어둠에 우리가 가장 취약한 때는 바로 빛 속으로 들어설 때다. 내내 건강한 결정을 내리다가도 갑자기 낙심이나 해로운 생각이나 특정한 유혹에 빠지기 쉽다.

우리 교인들을 잘 알기에 나는 이렇게 권면했다. 마르틴 루터의 작전을 본받아 어둠을 향해 당당히 "나는 세례 받는다"고 되받아치라. 세례 "받았다"가 아니고 "받는다"이다. 루터도 평민들이 난생처음 성경을 직접 읽을 수 있도록 성 안에 틀어박혀 헬라어 성경을 독일어로 번역할 때, 마귀로 부터 온다고 여겨지는 의심과 낙심에 시달렸다. 그래서 하 나님의 약속에 의심을 불러일으켜 자신을 괴롭히는 게 무엇 이든, 그는 그것을 향해 가끔 잉크병을 집어던진 것으로 유 명할 뿐 아니라 던지면서 성 경내에 다 들리게 "나는 세례 받 는다!"라고 외쳤다. 이 말은 루터에게만 아니라 애셔에게도 해당된다. 세례란 우리 쪽에서 하나님을 "택하는" 결단이 아 니라 하나님이 우리에게 행하시는 일이다. 그래서 나는 세 례가 좋고, 세례 받을 때 그분이 우리에게 주시는 약속의 말 씀이 곧 온 인류를 위한 약속이라 믿는다. 종교와 무관하게 하나님은 자신이 창조하신 모든 사람을 부르시고 취하신다. 즉 세례를 베푸신다. 루터교인이 되었을 때 나는 로스 머클 목사에게 세례를 신청했다. 그리고 그는 내가 흰 샌들을 신 고 세례를 받던 열두 살 때 어떻게 믿었든 관계없이, 하나님 이 행하신 일을 우리가 번복하거나 다시 할 수는 없다고 말 했다.

　　루터교 신학자 크레이그 케스터는 말하기를 이 땅의 관 점에서 보면 악이 난공불락으로 만연해 보일 수 있다고 했 다. 저녁 뉴스를 보면 정말 그래 보인다. 그러나 천국의 관점 에서 보면 악이 이 땅에서 날뛰는 이유는 마귀와 어둠이 막 강해서가 아니라 오히려 미약하기 때문이다. 케스터의 말대로 사탄이 이 땅에서 필사적으로 날뛰는 이유는 자기가 이미 패했음을 알기 때문이다.

회중의 눈을 들여다보니 많은 사람이 나를 실성한 사람 보듯 했지만, 나는 그들에게 내 미친 듯한 실천에 동참하자고 청했다. 우리의 낙심과 의심을 하나님을 대적하려는 실존 세력으로 보자고 했다. 악과 어둠을 난공불락의 막강한 힘이 아니라 오히려 약자의 필사적 몸부림으로 보자고 했다.

하나님을 대적하는 세력은 우리 귀에도 **만일**을 속삭인다. '하나님이 **만일** 정말 나를 사랑하신다면 내 기분이 이렇지 않을 것이다…… 내가 **만일** 정말 사랑받는다면 원하는 걸 다 받아야 한다…… 내가 **만일** 정말 하나님의 것이라면 내 삶이 찌질하지 않을 것이다…….' 이럴 때는 하나님이 이미 우리를 그분의 것으로 부르시고 취하셨다는 사실을 기억하라. 우울이나 폭식이나 자아도취나 절망이나 낙심이나 원망이나 소외감이 밀려올 때는 그것을 당신의 삶에서 어떻게든 하나님의 은혜와 자비를 몰아내려는 약자로 보라. 꺼지라고 외치라. 당당히 "나는 세례 받는다" 또는 "나는 하나님의 것이다"라고 말하라. 그분 외에는 누구도 당신의 정체성을 규정할 수 없기 때문이다.

설교 후의 자유 시간에 보니 애셔의 아버지가 울고 있었다. 그에게 다가가 티슈를 건넸다. 왜 우는지 확실하지 않았지만 아마 딸을 "잃어" 슬펐을 것이다. 만감이 교차했을 그 심정을 본인 외에 누가 알겠는가. 다만 나는 그가 설교에서 이 말을 들었기를 바랐다. 애셔가 어느 성별을 선택하든 그것은 별로 중요하지 않다. 하나님의 자녀라는 정체성 이외의 정체성은 모두 영적으로 무의미하다.

2년 후 나는 애셔와 함께 어느 허름한 카페에서 그리스 샌드위치를 먹었다. 신학교로 떠나려는 그와 작별하는 자리였다. 애셔는 복음을 들었다. 복음이란 애셔를 창조하신 하나님이 그를 사랑하여 부르신다는 것이다. 이 하나님을 계시하신 예수 그리스도께서 육신이 되어 우리 가운데 행하시매 은혜와 진리가 충만하셨을 뿐 아니라, 우리 대신 죽으실 정도로 우리를 위하시고 우리와 함께하신다는 것이다. 하나님의 복음은 우리의 말이나 행위나 믿음의 대가로 주어지는 게 아니라 철저히 선물이다. 이전의 사도 바울과 마르틴 루터처럼 애셔도 일단 복음을 들은 이상 그 이야기를 사람들에게 전하기로 헌신할 수밖에 없었다. 그들도 자유를 누릴 수 있도록 말이다.

그 카페에서 애셔는 말쑥하고 행복해 보였다. 트위드 캡과 힙한 티셔츠 차림으로 미소를 잃지 않았다. 자유로워 보였다. "개명하던 날 밤에 꾼 꿈을 말한 적이 없네요. 숱한 밤과 비슷하게 나를 비난하고 저주하고 겁주는 목소리가 들려왔습니다. 그런데 이번에는 내가 되받아쳤어요." 그가 자랑스럽게 말했다. "'**나는 세례 받는다.** 그러니 꺼져라' 그랬죠. 꿈에서 깨고 보니 현기증이 나더군요. 친구에게 전화해서 함께 시티파크에 나가 눈 천사를 만들었답니다."

14

×

호구와 구겨진 사제복

그때에 베드로가 나아와 이르되 "주여, 형제가 내게 죄를 범하면 몇 번이나 용서하여 주리이까. 일곱 번까지 하오리이까." 예수께서 이르시되 "네게 이르노니 일곱 번뿐 아니라 일곱 번을 일흔 번까지라도 할지니라." ─마태복음 18:21-22

테러 공격 10주년을 맞아 인근 여러 종교가 연합하여 9.11 기도회를 열기로 한 것은 좋았으나 내 발상은 아니었다. 내가 주도했다면 사제복이 여름내 뜨거운 차 트렁크 안에서 구겨진 것처럼 보이지 않게 미리 조치를 취했을 것이다. 내가 한 일이라고는 기도회를 구상하고 성사시킨 영적 리더들의 초대에 응한 것뿐이다. 모든 죄인과 성인의 집이 예배드리는 곳이 인근 성공회교회이다 보니 여러 사제와 한 이맘과 한 랍비가 내게 동참을 청했다. 예배가 시작되기 직전에 나는 교회 지하실에서 장백의(긴 흰색 예복―옮긴이)를 다림질하느라 정신이 없었다. 커버에서 꺼내고 나서야 옷이 엉망으로 구겨진 것을 알았다. 위층에 모여 예배자를 맞이하고 있는 다른 성직자들과 달리 나는 평소에 장백의까지는 거의 입지 않는다. 특히 그날은 이것이 피할 수 없는 은유처럼 느껴졌다.

기도회는 신중하고 알차고 뭉클했지만, 명색이 지역 사회의 영적 리더인 나는 대체로 그냥 앞쪽에 끼어 서서 남들이 10년 전 사건을 기억하고 슬퍼하도록 인도했을 뿐이다. 기독교인, 무슬림, 유대교인 등 모든 참석자가 환한 색종이에 기도와 애통의 말을 적는 순서도 있었다. 거대한 장로교회 건물에서 나오니 구월의 햇살이 서늘했고, 두 참나무 사이에 맨 끈에 우리 교인 몇이 부지런히 색종이를 걸고 있었다. 마치 티베트의 오색 기도 깃발을 급조한 것 같았다. 그중 내 눈에 들어온 건 딱 하나였는데, 바로 샛노란 정방형 종이에 적힌 이 말이었다. "난 이거 용서 못 해. 너는?"

그제야 퍼뜩 깨달았다. 그날 내 문제는 구겨진 사제복도 아니었고, 예복 차림이 훨씬 편해 보이는 다른 종교 지도자들 사이에서 왠지 나만 어색하다는 느낌도 아니었다. 문제는 그 종이에 적힌 심정에 나도 십분 공감했다는 것이다. 내게 용서란 기독교 신앙의 아주 난감한 요소 중 하나다. 용서가 마치 "괜찮다"는 말처럼 느껴지기 때문이다.

스무 살이 넘은 사람이라면 누구에게나 자기만의 9.11 이야기가 있다. 부모 세대에게 케네디 암살 이야기가 있고 그 위 세대에게 진주만 이야기가 있는 것과 같다. 9.11 사태가 터졌을 때 나는 젊은 엄마였고 마침 치즈 엔칠라다를 입에 문 상태였다.

내가 그 뉴스를 처음 들은 것은 콜로라도주 에스테스파크의 에즈 칸티나라는 멕시코 식당에서였다. 텔레비전 화면에서 무슨 일이 벌어지고 있는지를 그 식당에서 제일 늦게 알아차린 사람이 십중팔구 나였을 것이다. 직접 요리하거나 돈을 낼 필요가 없는 한 그릇 엔칠라다에 몰입해 있었기 때문이다. 당시 매튜의 부목사 월급으로 두 살배기와 10개월 된 아기를 기르고 있던 우리 부부는 그의 부모님이 제의한 공짜 휴가를 덥석 받아들여 산촌으로 갔다. 휴가지에 시부모님 톰과 로이스가 함께 있으니 성인 대 아이의 비율이 두 배로 높아졌다. 당시 내 삶은 몇 년째 아이언맨과 겨루고 있는 것처럼 느껴졌으므로 육아에 성인 둘이 는 것만으로도 여한이 없는 휴가였다.

어느새 에즈 칸티나의 모든 사람이 말없이 카운터 위쪽 벽의 텔레비전만 보고 있는데도 나는 열심히 치즈 엔칠라다를 먹느라 그것을 한참 지나서야 알아차렸다. 그때까지 거기에 텔레비전이 있는지조차 몰랐는데 이제 실내에 그것밖에 없어 보였다. 두 건물이 무너지면서 답 없는 의문만 난무

했다.

나중에 산장에서 다들 암담하게 멍하니 있다가 어쩔 수 없이 일상으로 돌아왔을 때, 나는 앉아서 10개월 된 아들에게 젖을 물렸고 할머니 로이스는 차를 끓였다. 아들이 통통한 손으로 내 얼굴을 토닥거리는데, 앞으로 이 아이가 살아갈 세상을 생각하니 저절로 눈물이 났다.

그로부터 10년 후에 만난 게 그 노란 색종이였다. 그날 우리 교회에서 용서에 대해 설교해야 하는데, 나는 여전히 분노에 휩싸여 있었다. 내 자녀가 자라날 곳이 비행기가 고층 건물을 들이받는 나라라는 데 분노했고, 앞으로 그들의 삶이 여타 테러국의 수많은 아이들의 삶과 비슷해질 것 같아 분노했다.

9.11 테러 10주년이 되던 날은 일요일이었다. 오전에는 다들 종교 간 연합 기도회에 참석했지만 오후에는 매주 그렇듯이 우리 교회에서 성찬식이 있었다. 그런데 성서정과의 2011년 9월 11일자 지정 본문을 보니 주제가 용서였다. 창세기 본문에서는 요셉이 자신을 노예로 판 형들을 용서하고, 로마서 말씀은 남을 비판하지 말라는 것이고, 마태복음에는 우리에게 죄를 범하는 사람을 몇 번이나 용서해야 되느냐고 베드로가 예수님께 여쭙는 일화가 나온다. "일곱 번이면 될까요?"라는 그의 물음에 그분은 "아니지, 일곱 번씩 일흔 번이라도 해야지"라고 답하신다.

어떻게 이럴 수 있나.

성서정과 편집진이 9.11 주간에 용서에 대한 본문을 모아 놓은 것이 내게는 약간 억지스러워 보였다. 그런데 알고 보니 성서정과가 편찬된 해는 1994년이었다. 9.11 10주기에 내가 용서에 대해 설교해야 한다는 사실은 우연이었다. 아니면 섭리였을까? 어쨌든 중요한 것은 이것이다. 이런 본문으로 설교해야 한다는 것이 마치 내 평생 가장 용서하기 힘든 살상이 벌어진 지 10년 후에 예수님이 나타나 용서를 역설하시는 것처럼 느껴졌다는 것이다. 그래서 용서가 추상적 개념이 아니라 뜨거운 용광로처럼 다가왔다.

예수님은 "우리가 우리에게 죄지은(trespass) 자를 사하여 준 것같이 우리 죄를 사하여 주시옵고"라고 기도하도록 가르치셨다. 우리만 사하여 주시고 우리를 해치는 나쁜 놈들은 혼내 달라는 기도가 아니다.

어렸을 때 우리 동네에 창문 커튼이 약간 너덜너덜하고 앞마당이 고장 난 물건의 무덤 같던 집이 있었다. 담에 "무단출입(trespassing) 금지"라는 표지판도 붙어 있었다. 엄마에게 무단출입이 뭐냐고 묻던 게 기억난다. 그런 이상한 집에 사는 사람에게 그것만은 하고 싶지 않았기 때문이다. 그 집 마당에 내 맘대로 들어간다는 뜻이라는 엄마의 설명을 듣고는 '그럴 일이야 없지'라는 생각이 들었다.

그로부터 얼마 안 돼서 주기도문을 처음 배웠는데 이상해 보였다. 예수님이 하필 그 단어를 써서 그것을 사하여 주시도록 하나님께 기도하라 하셨기 때문이다. 남의 집 마당에 들어가지 않는 게 내 원칙이었고, 우리 집 마당에 마음대로 들어오는 사람도 없었다. 그러니 나는 용서받을 일이 없을 줄 알았다. 나중에 알고 보니 무단출입은 우리가 남에게 짓는 수많은 죄 중 하나에 불과했다. 이제 그것을 알 것 같다. "우리가 우리에게 죄지은 자를 사하여 준 것같이 우리 죄를 사하여 주시옵고." 예수님은 늘 하나님이 우리를 용서하시는 것을 우리가 남을 용서하는 것과 결부하신다.

왜 그러실까? 어렸을 때는 그것이 우리에게 죄책감을 유발해 남을 용서하게 만들려는 수법처럼 보였다. 마치 예수님이 "애, 나는 너를 위해 죽었는데 너는 기껏 동생한테 잘해 주기도 싫다고?"라고 말씀하시는 것 같았다. 하나님께 큰 빚을 졌으니 죄송해서라도 착하게 살라는 식으로 말이다. 하지만 그것은 내가 예수 그리스도에게서 보는 하나님이 아니라 자식을 자기 맘대로 조종하려는 부모다.

예수님께 용서는 중대사라서, 차고에서 밴드를 결성한 고등학생처럼 그분도 항상 그 얘기를 하신다. 난감하다. 용서를 너무 강조하면 예수님을 따르는 삶이 "호구 동호회" 모임처럼 느껴질 수 있다. "우리를 개똥같이 취급해도 우린 다 용서할 거야"가 슬로건이다. 우리에게 지은 죄나 다수에게 자행된 악을 용서하는 것도 그것과 위험할 정도로 비슷하지 않은가? 여자를 때리는 가해자를 자꾸 용서하면 구타가 지속되는 것 아닌가?

이럴 때는 설교자 노릇이 참 힘들다. 9.11 테러 10주년이 일요일이라 특히 더했다. 나는 내가 믿지 않는 내용으로는 설교를 못 한다. 물론 꼭 그렇지는 않다. 진실이기를 바라거나 감히 그렇게 믿고 싶은 내용으로도 설교할 수 있다. 그러나 진실이 아닌 것 같은 내용으로는 차마 설교할 엄두가 안 난다. 2011년 9월 11일 일요일에 나는 악을 용서해야 한다는 게 진실이 아닌 것 같았다. 예수님이 바라시는 게 우리가 거룩한 호구가 되어 악 앞에서 괜찮다고 말하는 것이라면 말이다. 그렇다고 내가 그날 미국의 많은 설교단에서 전해진 다른 대중적 메시지를 믿은 것은 더더욱 아니다. 미국이 전능하신 하나님께 가장 은총을 입은 나라여서 그분이 이 악을 응징하실 것이며, 우리가 믿는 하나님이 **바로 그런** 분이라는 메시지 말이다.

본래 나는 악에 정의와 힘으로 맞서야 한다고 배웠다. 악과 싸우려면 반드시 가해자에게 죗값이 돌아가게 해야 한다. 눈에는 눈이다. 네가 나를 공격하면 나도 너를 공격한다. 그래야 공평하다. 나도 살아오면서 큰 상처를 입을 때면 복수해야 속이 후련할 것 같았다. 그런데 가해자에게 복수하기 힘들 때는 꼭 나를 사랑하는 이들에게 피해를 입히고 만다. 그래서 피해자가 복수하거나 분노를 품는 것은 사실 악과 싸우는 게 아니라 오히려 악을 키울 수 있다.

조심하지 않으면 결국 우리는 원수의 가장 나쁜 면을 그대로 흡수할 수 있고, 심지어 어느 정도 원수와 같아질 수 있다. 남이 우리에게 죄짓고 피해를 입힐 때, 우리도 어떤 식으로든 그 죄와 부당 대우에 연결되어 사슬로 묶이는 것 같다. 이때 분노나 두려움이나 원한은 우리를 해방하기는커녕 계속 사슬에 묶어 둘 뿐이다.

용서란 호구가 되어 괜찮다고 말하는 게 아니라 우리를 묶고 있는 사슬을 절단기로 끊어 내는 행위다. 물론 예수께서 그러다가 죽임을 당하신 것은 맞다. 그분은 두루 다니며 죄를 사하여 사람들을 해방하고 풀어 주셨다. 이런 자유는 언제나 위험하다.

내 친구 돈이 좋은 예다. 루터교 목사인 그는 딜런 클리볼드의 장례식을 집전했다는 이유로 실직했다. 딜런은 콜럼바인고등학교 총기 난사범 중 하나인데, 돈은 딜런이 세례받을 때 하나님께 받았던 약속이 그가 저지른 악행보다 더 강하다고 믿는 결기를 보였다. 돈을 생각하면 나도 힘이 난다. 그는 딜런의 행위가 괜찮다고 말한 게 아니다. 그가 담대히 선포했듯이 악은 결코 선보다 강하지 못하고, 어둠에 비치는 빛이 정말 있으며, 어둠은 빛을 이기지 못하고 이길 일도 없고 이겨서도 안 된다.

장례식을 집전할 때 돈의 심정이 어땠을지 생각해 보곤 한다. 그는 무조건 용서로 직행했을까? 그보다는 단지 믿는 대로 행동했을 소지가 크다. 그것이 믿음의 삶이다. 적어도 내게는 그렇다. 미국의 위대한 작가 플래너리 오코너가 말했듯이 "믿음이란 동의 여부를 떠나 우리가 아는 진실이다." 내 마음은 어두울 수 있으나 나는 느끼는 대로가 아니라 믿는 대로 행동하는 쪽을 선택한다. 9.11에 벌어진 일은 괜찮지 **않다.** 그래서 나는 용서해야 한다. 나까지 그런 악에 묶일 수 없기 때문이다. 그렇지 않으면 악이 내 마음에 감염되어 퍼질 수 있다.

2011년 9월 11일 일요일 저녁에 우리 교인들은 오전의 기도회에서 거둔 색종이를 우리 예배 공간에 다시 걸었다. 그들도 기도와 애통의 말을 더했지만 나는 아무것도 읽지 않았다. 이미 읽은 것 하나로 충분했다.

15

×

천국의 유령

또 비유를 들어 이르시되 "천국은 마치 사람이 자기 밭
에 갖다 심은 겨자씨 한 알 같으니 이는 모든 씨보다 작
은 것이로되 자란 후에는 풀보다 커서……." —마태복음
13:31-32

가수 에이미 와인하우스가 죽던 주에 나는 일요일 설교를
준비하다가 전 남자친구 벤에게서 페이스북 친구 요청을 받
았다. 거의 17년 만의 연락이었다. 친구 요청을 봤을 때 나는
벤도 살아 있어서 깜짝 놀랐다.

1992년 봄에 우리는 요크 스트리트 3층에서 만났다. 거
기는 내가 알코올 중독에서 회복되기 시작한 곳이다. 흡연
자만 모이던 2층은 벽과 포스터와 리놀륨과 의자가 온통 니

코틴으로 누렇게 찌들어 있어 마치 방 자체가 손상된 간 같았다. 벤을 만나던 당시 나는 술을 끊은 지 6개월쯤 된 2층 아가씨였다. 내 회복 전략은 이랬다. 줄담배를 피우고, 당분을 섭취하고, 아무하고나 동침하고, 죽기 살기로 기도하고, 걸핏하면 화낸다. 그리고 그대로 반복한다. 또는 이렇게 표현해도 좋다. 재미가 줄고 기도가 늘었다 뿐이지 술을 마시던 때와 똑같은 사람으로 남는다. 나만의 회복 프로그램을 지속하려면 아무래도 기존의 자아상을 그대로 유지하는 것이 특히 중요했다. 그중 압권은 앞서 말했듯이 멋진 비극의 주인공이 되어 요절하는 것이었다.

때로 우리는 자신이 되고 싶은 모습이나 그렇게 되게 해 줄 것 같은 "그것"에 떠밀려 삶의 결정을 내린다. 좋은 차가 있으면 자신이 중요해 보일 것 같고, 문신을 새기면 멋있어 보일 것 같고, 자전거 복장을 갖추면 운동선수처럼 보일 것 같다. 사람도 "그것"이 될 수 있다. 나는 사람을 고를 때도 어느 정도는 헤어스타일이나 스카프를 고르듯 한다. 내 자아상을 보완하려고 고르는 액세서리인 셈이다. 1992년 봄 내 터프한 이미지에 하나 모자라던 액세서리는 근래에 무장 강도질로 샌 쿠엔틴 교도소에서 6년간 복역한 남자친구였나 보다. 그래서 오전에 요크 스트리트 2층에 앉아 말보로 담배를 넉 대째 피우다가 마침 팔뚝에 문신을 새긴 키 크고 잘생긴 빡빡머리 남자가 3층으로 올라가는 것을 봤을 때 이런 생각이 들었다. '이제 담배도 끊어야 하나?'

당시 나는 술 없는 삶이 싫었지만 내가 "정말 술을 마셔 서는 안 되는" 사람이라는 건 이미 분명했다. 그래서 벤이 내 게 술 없이도 알코올 중독자처럼 엉망으로 사는 법을 알려 주었다. 그와 함께라면 자존심 상하게 코로 토하지 않고도 이전처럼 모든 감정싸움과 자기혐오와 터프함(물론 생각만큼 터프하지도 않았지만)을 지킬 수 있었다.

벤은 "다리털이나 밀어 ×발" 그러거나 속상한 아이처럼 내 품에 얌전히 누워 있는 것 말고는 여자친구를 어떻게 대 해야 할지 몰랐다. 그 둘의 중간은 별로 없었던 것 같다. 감 옥에 갈 때 그는 아이였다. 이제 겨우 성년이 되었지만 한창 남성성을 길러야 할 청소년기를 오로지 몸을 사리며 보냈기 때문에 남자다운 게 뭔지 몰랐다. 그는 나를 모욕하고 나서 공원의 다람쥐에게 먹일 빵조각이 있느냐고 묻곤 했다. 다 람쥐가 먹을 게 부족할까 봐 걱정한 것이다.

나는 벤에게 신경을 썼지만 그를 사랑한 적은 없다. 벤 같은 남자친구를 갖춘 상태가 좋았을 뿐이다. 그 둘은 다르 다. 그래서 연애 5주째에 그가 내 집에 반들반들한 권총을 가져와 당분간 그것을 내게 맡겨도 되겠느냐고 물었을 때 나는 마지못해서야 승낙했다. 그러나 매트리스 밑에 권총을 숨기고 하룻밤 자 보니 너무 불편해서 생각이 바뀌었다. 그 때는 그것을 내 부르주아 성향의 잔재라고 일축했지만 지금 은 안다. 내가 불법 권총을 매트리스 밑에 숨기고 잘 수 없었 던 이유는 내가 겉으로만 터프한 척했을 뿐 사실은 그런 사람이 아니었기 때문이다.

결국 우리는 뉴욕시에서 함께 살아 보기로 했다. 알코올 중독자였다가 이제 막 술을 끊은 그는 좋은 생각이 났다며 바텐더가 되려 했지만, 한 달쯤 있다 덴버로 돌아가 거기서 종적을 감추었다. 나도 뉴욕에 몇 달밖에 더 있지 못했다. 덴버로 돌아와 그를 찾으러 요크 스트리트에 갔더니 누군가 그의 "재발" 소식을 알려 주었다. 다시 술을 마신다는 것이었다. 그것을 끝으로 더는 그에 대해 듣지 못했다.

그러니 17년 후의 월요일 아침에 벤에게서 받은 페이스북 친구 요청은 그야말로 충격이었다. 마치 불타는 건물 안에 갇혀 있던 그를 본 게 마지막인데 그런 그가 17년 만에 살아 돌아온 것과 같았으니 다행한 충격이었다. 친구 요청을 수락했더니 5분 내로 그에게서 메시지가 왔다. 다음날 자기가 이쪽으로 올 일이 있으니 함께 점심을 먹자고 했다.

벤을 만날 생각에 불안했지만 그렇다고 그날 일정을 바꾸고 싶지는 않았다. 그래서 여느 화요일처럼 그날도 남편을 포함한 루터교 목사 여섯과 회의용 탁자에 둘러앉아 다가오는 일요일의 성서정과 본문에 대해 대화했다. 어떤 내용으로 설교하면 좋을지 난상 토론을 벌이는 시간이다.

이 동료들은 내 외관과는 격이 다르다. 지나가는 사람이 나를 보고 나서 그들을 본다면 아무도 그들을 내 좋은 친구라고는 생각하지 못할 것이다. 게다가 그날 탁자에 둘러앉은 우리 가운데 스물두 살 때 함께 술을 끊었던 전 남자친구 전과자를 만날 예정인 사람은 분명히 나뿐이었을 것이다. 당연히 나밖에 없겠지만 그건 중요하지 않았다. 나는 면바지에 버튼다운 셔츠를 입는 이 루터교 목사들을 사랑한다. 실제로 그들과 나 사이에는 문신과 약물 남용 이력보다 더 중요한 공통점이 있다.

그날 우리 부부와 함께 그곳에 모인 목사들 중에서 존 페더슨은 내가 아는 가장 박식한 사람일 것이다. 그는 성경 본문을 연구하는 우리 모임에 성경책 없이 니체의 책을 들고 오기로 유명하다. 저스틴 니클은 아주 젊고 예민하며 위험하리만치 똑똑하다. 남동생이 없는 내게 동생과도 같은 그를 나는 주저 없이 루터교가 낳은 최고의 젊은 신학자 중 하나로 꼽는다. 게이인 케빈 말리는 하나님의 한결같은 사랑과 용서를 내가 아는 누구보다도 강조한다. 그도 똑똑하다. 케이틀린 트러슬은 우리 모임에서 냉소적이지 않은 사람의 표상이다. 그녀는 뇌가 아주 큰 만큼이나 목자의 마음도 넓다.

내가 탁자로 손을 뻗어 연한 교회 커피를 한 잔 더 따르는 동안 존이 복음서 본문을 읽었다. 마태복음에 연달아 나오는 비유였다. 예수님은 천국을 사람이 밭에 갖다 심은 겨자씨에 비유하신다. 겨자씨는 모든 씨보다 작지만 자란 후에는 풀보다 커서 나무가 된다. 그다음 비유는 천국이 여자가 가루 서 말 속에 갖다 넣어 전부 부풀게 한 누룩과 같다는 것이다. 또 천국은 좋은 진주를 구하는 장사와 같다. 극히 값진 진주 하나를 발견한 그는 자기의 소유를 다 팔아 그 진주를 산다.

침묵이 흘렀다.

몇 분 후에 존이 말했다. "천국이 왕국(kingdom)으로 표현되어 있는데 왕국에 대해 말하는 건 이상합니다. 미국 민주주의는 왕을 싫어하니까요. 그렇다면 어떻게 접근하는 게 좋을까요?"

좋은 지적인걸. 그럼 폭정에 대해 설교할까? 물론 폭정이 교인들의 삶에서 시급한 문제인지는 나도 모른다.

케빈이 말을 받는다. "어쩌면 언덕 위의 십자가가 밭에 감추인 진주인지도 모르지요. 그런데 하나님이 속이시는 겁니다. 값지다는 것에 대한 우리의 기준을 그분이 전복하여 허를 찌르신다 할까요?"

무슨 뜻인지 통 모르겠지만 나는 너무 주눅이 들어 묻지 못한다.

존 페더슨은 알아들었는지 이렇게 살을 입힌다. "그건 에밀리 디킨슨 풍인데…… 진실을 말할 때는 살짝 돌려서 말하라." 나는 좌중의 이런 기민한 위트와 예리한 지성이 늘 놀랍기만 하다. 내가 텔레비전을 보고 있을 때 이 사람들은 정말 책을 읽나 보다.

대화는 훌륭했지만 나는 일요일 설교의 방향을 어떻게 잡아야 할지 여전히 묘연했다. 무엇보다 벤을 만날 생각에 마음이 산만했다.

목사가 된 뒤로 내게 화요일은 거의 매번 자신을 위로하는 시간이다. 교인들에게 설교할 내용이 결국 하나도 떠오르지 않기 때문이다. 말없이 성경을 묵상하는 렉시오 디비나라는 영성 수련으로 설교 시간 12분을 대신할 수는 있다. 늘 복안으로 남겨 둔 그것을 이번 주에 정말 써먹어야 할지도 모른다.

한 시간 후에 나는 식당 부스에 앉아 전 남자친구가 오기를 기다렸다. 연중무휴인 피츠 키친은 가끔씩 내 삶의 여러 드라마가 펼쳐진 무대다. 22년 전에 밤 3시까지 바로 이 식당 구석자리에 앉아 코카인으로 신경이 곤두서고 술에 망가진 날이 얼마나 많았던가. 대개 절친 지미가 곁에 있었는데, 시끄럽고 재미있던 그는 내 첫 남자친구의 게이 형제이자 여러 해 동안 내 범죄의 주요 파트너였다. 우리는 함께 애송이 알코올 중독자였다가 나는 술을 끊었고 그는 계속 마셨다. 지미는 내가 벤과 함께 점심을 먹는 이날로부터 6개월 전 리노의 자기 아파트에서 죽은 채 발견됐다. 말 그대로 죽을 때까지 마신 것이다. 내 이야기 중 누구에게도 말하지 못한 부분을 그가 가져갔으므로 이제 나는 그런 이야기도 지미도 영영 되찾을 수 없다. 그가 죽은 뒤로 내가 하필 루터교 목사 일로 너무 바빠 그를 애도하지 못한 게 후회스럽다. 술을 끊으려는 사람에게 아무도 말해 주지 않는 게 있다. 금주에 용케 성공하면 친구들의 장례를 치러야 한다는 것이다. 누구나 다 나처럼 완전히 새로운 삶, 반짝이면서도 좌충우

돌하는 삶에 이르는 것은 아니다. 왜 그런지 여태 납득할 만
한 설명을 찾지 못했다.

20년이 지났어도 피츠 키친의 메뉴는 값싼 스테이크와
계란, 폭신한 팬케이크 등 달라진 게 없다. 케첩에 찍어 먹는
음식도 많다. 그동안 의자의 비닐 커버가 교체되고 지붕 있
는 테라스가 증축됐다. 요즘은 우리 교인들이 사순절과 대
림절 동안 저녁 기도를 노래한 후 이 테라스로 와서 팬케이
크를 먹는다. 그렇게 모여 앉는 밤이면 대개 나는 사연 많은
이 작은 식당에서 목사인 내게 일어났던 온갖 일을 회상하
지 않지만, 어쩌다 한 번씩 약간 얌전해질 때가 있다. 그들이
눈치채는지 잘 모르겠지만 아무려면 어떤가.

주문한 다이어트 콜라가 나옴과 동시에 벤이 도착하여
나를 상념에서 깨웠다. 그는 감옥에서 새긴 문신만 빼고는
여전히 젊은 날의 리처드 기어 같아 보였다. 나는 늘 그의 여
러 문신 중 눈물방울에 대해서만은 물어보지 않는 게 좋을
것 같았다. 그를 포옹하는데 마치 불타는 건물에서 그가 마
침내 뛰어나올 때까지 내가 바깥에서 그를 기다리고 있었다
는 듯이 애틋했다. 뜻밖의 감정이었다.

그는 자신의 자녀와 건강 문제에 대해 말했다. 알코올
중독 회복 모임에는 이제 나갈 필요가 없지만, 사는 곳은 자
신의 밴이라고 했다. 결국 이날 점심도 여태 내가 과거에 알
던 이들과 함께했던 몇 번의 점심과 같았다. 내게 살아남은
자의 죄책감 같은 게 들었던 것이다. 마치 한때는 우리 삶이

피차 같은 처지였는데 이제 내게는 모든 게 있고 그에게는 아무것도 없는 것 같았다. 그것을 무엇으로도 설명할 수 없었다. 어떻게 내가 거기서 여기로 왔는지 쉽게 되짚어지지 않았다. 어쨌든 내게는 가정과 남편, 예쁘고 똑똑한 두 자녀, 즐겁고 보람된 일이 있었으나 그는 두 주(州)에 흩어져 있는 세 자녀를 볼 일이 거의 없었고, 심장이 나빴고, 척추 골절을 입어 장애 연금으로 연명하고 있었다.

입장이 곤란해서 그에게 내 삶을 자세히 나누지 않았다. 으레 그랬듯이 그가 떠날 때 나를 비하하거나 모욕하는 말로 내 콧대를 꺾어 놓을 게 뻔해서이기도 했다. 그런데 그가 떠나려고 일어나기 전에 맞은편의 나를 건너다보며 한 말은 이랬다. "네가 살아 있어서 다행이다. 우리 주위의 많은 사람이 죽었잖아. 음…… 이번 주 일요일에 너희 교회를 방문해도 괜찮을까?"

남은 며칠 동안 천국에 대한 설교를 준비하느라 애먹었다. 내 과거의 모든 중독자 유령이 술 취한 채 내 마음의 창 밖에 서서 이렇게 홀리는 것 같았다. "그냥 나와서 놀면 안 돼?" 겨자씨고 풀이고 누룩이고 다 소용없었다. 한동안이라도 과거를 차단해야 현재의 설교를 작성할 수 있으련만 그게 안 됐다. 천국 비유에 대한 주석과 논문을 읽어도 하나같이 천국이 작게 시작해서 커진다는 뻔하고 쓸데없는 말만 늘어놓았다. 그래서 어쩌라고? 작은 겨자씨가 자라서 큰 식물이 되듯이 천국도 그와 같다는 내 설교로 누구의 삶도 변화될 것 같지 않았다.

토요일에는 와락 겁이 났다. 씨와 식물에 대한 생각에 몰두하여 의미를 쥐어짜 보려 했지만, 내가 정원 일이라면 질색하다 보니 특히 더 힘들었다. 나는 바깥에 나가 있는 것조차 싫다. 예수님이 페이스북 게시물, 영화 관람, 문신 시술 등을 비유로 드셨다면 얼마나 좋을까. 그러면 비유의 속뜻이 내게 좀 더 명확할 텐데, 젠장. 그분은 쉴 새 없이 씨와 포도나무와 추수와 식물과 농부에 대해 말씀하신다.

결국 향나무 덤불을 지독히 싫어하는 남편 매튜에 대해 썼다. 남편과 덤불의 결투에 대해 쓰자마자 원고가 쓰레기인 걸 알았다. 잠시 벗어나 페이스북에 들어갔다. 친구들의 게시물 몇 개에 "좋아요"를 누르던 끝에 그 게시물이 보였다. "에이미 와인하우스의 명복을 빕니다"라고만 적혀 있었다.

젠장.

영국의 소울 싱어이자 만신창이 셀럽인 에이미 와인하우스가 죽은 것이다. 내 삶의 동료였던 여러 마약 중독자와 알코올 중독자가 즉시 다시 떠올랐다. 그들은 죽었고 나는 살아 있다. 물론 특히 PJ가 기억났다. 앞서 말했듯이 내가 결국 목사가 된 것은 PJ, 특히 그의 죽음 때문이다. 그때 나는 신학교에 가서 안수를 받기 오래전이었는데, PJ의 유일한 "종교인" 친구로서 그의 장례식을 집전하다가 처음으로 하나님이 나를 내 사람들의 목사로 부르신다는 것을 깨달았다.

이제 PJ는 죽었는데 나는 목사로서 중요한 설교를 준

비해야 했다. 돌이켜보면 PJ도 와인하우스처럼 자기 집에서 죽은 채 발견됐다. PJ에게 전화를 걸어 무슨 설교를 했으면 좋을지 물어볼 수 있다면 얼마나 좋을까 생각하니 웃음이 터져 나왔다. 작지만 커지는 것들에 대한 그의 유쾌한 음담 패설이 익히 상상됐기 때문이다. 설교에 써먹을 만한 것은 하나도 없지만 나를 웃겨 주기는 할 것이다. 그런데 문득 PJ 가 정말 내 질문에 답해 주는 것처럼 느껴졌다.

비유를 다시 읽었다. "천국은…… 겨자씨 한 알 같으니…… 자란 후에는 풀보다 커서." 씨와 식물의 크기를 대비하는 게 핵심이 아닐지도 모른다는 생각이 들었다. 풀보다 크다는 말은 모든 바보 중에서 제일 똑똑하다는 말과 같다. 그런데 예수님은 천국이 풀과 그물과 누룩 같다고 말씀하신다. PJ가 내게 뭔가 말해 주고 있다고 생각된 것은 누룩 부분에서였다. 아울러 내가 신학을 공부한 것도 한순간 빛을 발했다.

누룩이 (공교롭게도 PJ의 거의 모든 생각처럼) 부정하게 여겨진다는 게 기억났다. 여기서 누룩이란 마트에서 살 수 있는 작게 포장된 효모가 아니라 닿는 것마다 오염시키는 큰 곰팡이 덩어리다. 1세기 유대인들은 거룩한 절기를 지키려면 그전에 온 집 안의 누룩을 다 없애야 했는데, 거기에는 그만한 이유가 있다. 누룩은 의식법상 부정하다.

그때부터 나는 천국이 부정한 것, 뜻밖의 것, 심지어 속된 것 속에 있을지도 모른다는 생각이 들었다. 그러자 개판이었던 젊은 날의 나, 전 남자친구 전과자와 함께한 점심, 에이미 와인하우스의 죽음, 자기 아파트에서 죽은 지미가 더는 방해거리가 아니라 설교의 소재로 변했다. 나는 PJ의 시신이 발견된 지 이틀째 되던 날을 회상했고, 그 이야기가 그대로 내 설교가 되었다.

PJ는 아이오와주 작은 농촌의 반듯한 천주교 가정에서 자랐다. 그런 집안에서 어떻게 무섭도록 냉소적이고 음탕한 천재 코미디언이 나왔는지 모르지만 그건 또 다른 이야기다. PJ가 죽은 지 이틀 후에 일단의 내 친구가 자청한 일을 나는 긍휼의 사명이라고밖에 표현할 수 없다. 그들은 죽은 친구의 집에 들어가 모든 포르노를 치웠다. 『플레이보이』와 비디오테이프를 전부 없앴다. 그러잖아도 고통에 잠긴 PJ의 부모에게 그 이상의 고통만은 덜어 주고 싶었던 것이다.

나는 이거야말로 천국이 이 땅에 침투한 거라고 설교했다. 소읍의 반듯한 부모가 아들의 유품을 정리하기에 앞서, 우리가 죽은 친구의 집에서 포르노를 치워 줄 수 있다는 것 말이다. 물론 작은 일이고 뜻밖인 데다 약간 속되기까지 하다. 하지만 진품이다.

여태 나는 천국을 변화된 후의 내 삶으로 예시할 수 있어야 한다고 잘못 생각했다. 모든 게 더 나아졌으니 말이다. 이제 나는 그리스도인이며 과거를 청산하고 술을 끊었다. 그러니 천국의 사례가 벤이나 PJ나 젊은 날의 망가진 내게서 나올 리 없다. 설교로 보여 줄 만한 천국의 모습은 정원을 가꾸며 엄마와 목사와 정직한 시민으로 살아가는 데서 나올 수밖에 없다. 하지만 그것은 예수님이 들여오신 천국이 아니다.

예수님이 들여오신 천국은 십자가에 달리신 그분이 다스리시는 나라, 부정한 이들이 사는 나라, 늘 뜻밖의 곳에서 발견되는 나라다. 과거를 돌아볼 때 나는 이미 두고 온 과오, 상처와 중독, 비참한 자기기만만 보려 했다. 하지만 그렇게 생각하면 그때는 하나님이 함께 계시지 않았다고 전제하는 것이다. 그분께 "하나님은 내게 인식될 때만 존재하십니다"라고 말하는 것과 같다. 예수님의 단골 주제인 천국은 그분의 말씀대로 가까이 와 있다. 당신이 어디에 있든 전혀 예상치 못한 방식으로 지금 여기에 있다.

안식 후 첫날 일찍이 아직 어두울 때에
막달라 마리아가 무덤에 와서 돌이
무덤에서 옮겨진 것을 보고 시몬 베드로와
예수께서 사랑하시던 그 다른 제자에게
달려가서 말하되 "사람들이 주님을
무덤에서 가져다가 어디 두었는지 우리가
알지 못하겠다" 하니…… 마리아는 무덤
밖에 서서 울고 있더니 울면서 구부려 무덤
안을 들여다보니 흰옷 입은 두 천사가
예수의 시체 뉘었던 곳에 하나는 머리
편에, 하나는 발 편에 앉았더라. 천사들이
이르되 "여자여, 어찌하여 우느냐." 이르되
"사람들이 내 주님을 옮겨다가 어디
두었는지 내가 알지 못함이니이다." 이 말을
하고 뒤로 돌이켜 예수께서 서 계신 것을
보았으나 예수이신 줄은 알지 못하더라.
예수께서 이르시되 "여자여, 어찌하여 울며
누구를 찾느냐" 하시니 마리아는 그가
동산지기인 줄 알고 이르되 "주여, 당신이

"마리아야" 하시거늘 마리아가 돌이켜 히브리 말로 "랍오니" 하니 (이는 선생님이라는 말이라) 예수께서 이르시되 "나를 붙들지 말라. 내가 아직 아버지께로 올라가지 아니하였노라. 너는 내 형제들에게 가서 이르되 '내가 내 아버지 곧 너희 아버지, 내 하나님 곧 너희 하나님께로 올라간다' 하라" 하시니 막달라 마리아가 가서 제자들에게 "내가 주를 보았다" 하고 또 주께서 자기에게 이렇게 말씀하셨다 이르니라.

16

×

손톱의 때

마리아는 무덤 밖에 서서 울고 있더니 울면서 구부려 무덤 안을 들여다보니 흰옷 입은 두 천사가 예수의 시체 뉘었던 곳에 하나는 머리 편에, 하나는 발 편에 앉았더라. 천사들이 이르되 "여자여, 어찌하여 우느냐." 이르되 "사람들이 내 주님을 옮겨다가 어디 두었는지 내가 알지 못함이니이다." 이 말을 하고 뒤로 돌이켜 예수께서 서 계신 것을 보았으나 예수이신 줄은 알지 못하더라. 예수께서 이르시되 "여자여, 어찌하여 울며 누구를 찾느냐" 하시니 마리아는 그가 동산지기인 줄 알고 이르되 "주여, 당신이 옮겼거든 어디 두었는지 내게 이르소서. 그리하면 내가 가져가리이다." 예수께서 "마리아야" 하시거늘 마리아가 돌이켜 히브리 말로 "랍오니" 하니 (이는 선

생님이라는 말이라). —요한복음 20:11-16

모든 죄인과 성인의 집은 2008년 4월에 첫 공식 전례를 드렸다. 부활절 시즌인 만큼 교회를 함께 개척한 여덟 명은 십자가의 길과 비슷하게 각자 부활의 길을 창작했다. 성경에 예수님의 친구들이 죽은 자 가운데서 살아나신 그분을 만나는 기사가 여럿 나오는데, 그것을 시나 예술 작품이나 행위를 통해 좀 더 실감해 보기 위해서였다. 나는 빈 무덤의 막달라 마리아 이야기를 골랐다.

이런 쪽으로 잘하는 사람이 아무도 없어 작품은 어색하고 엉성해 보였다. 우리 중 절반 정도는 색도화지에 성구나 그림을 붙인 접이식 삼단 포스터 보드를 가져왔다. "저런, 꼭 교회판 과학 박람회 같은데." 세스가 놀렸다.

내가 만든 부활의 길은 중학생의 과제물처럼 보였는데, 중앙에 막달라 마리아가 무덤에서 예수님을 만나는 그림을 붙이고 그림 밑에 그 이야기에서 딱 한 소절만 따서 "예수께서 '마리아야' 하시거늘"이라고 썼다. 그 아래 공란에는 다들 각자의 이름을 쓰게 했다. "퀴어 자녀야"라고 쓴 사람도 있다. 예수께서 우리의 이름을 부르시고 그래서 우리가 돌이켜 그분을 알아본다는 것이 내게는 중요했다. 나 또한 하나님께 비슷하게 부름받았기 때문에 특히 더했다.

그 어색한 부활절 전례 이후로 4년 동안 우리 교회는 꾸준히 성장했고, 한동안 나는 덴버의 콜팩스 스트리트에 있는 후크드 온 콜팩스 커피숍에서 교인들을 상담했다. 콜팩스는 작가 잭 케루악이 글에 썼고, 무산된 꿈의 거리라 불리며, 특히 1970년대와 1980년대에는 여성들이 걷는 길로 알려졌다. 교인들이 커피숍으로 나를 만나러 오면 나는 그들이 그냥 잡담을 나누려는 건지, 신앙을 완전히 잃은 건지, 뭔가 위기에 처한 건지, 삶에 대한 생각이나 깨달음을 정리하려는 건지 전혀 모른다. 확실한 것은 그들이 밝히는 이유로만으로는 대화의 진짜 이유를 알 수 없다는 것이다. 그 둘은 늘 서로 맞물려 있다. 그렇게 에둘러서만 우리가 자신의 치부를 내보일 수 있기 때문일 것이다.

그래서 어느 날 아침 교인 마이클 미언이 찾아왔을 때도 나는 대화가 어떻게 풀릴지 잘 몰랐다. 그는 자신의 사업과 형제의 근황을 말하다가 결국 이렇게 털어놓았다. 우리 교회에 온 지 아홉 달째인데 예수 운운에 대해서는 아직도 잘 모르겠다는 거였다. 교회에서 특히 성찬식 때 진짜 변화가 일어난다는 것만은 알겠는데 말이다. "꼭 밥 딜런의 노래 가사 같아요. '심상치 않은 일이 벌어지고 있는데 그게 뭔지 모르겠지, 존스 씨?'" 그 정도 설명이면 내게 충분했다.

그의 말이 이어졌다. "예수는 내 모든 친구의 친구인 것 같은데, 왠지 그 친구가 나만 무시하는 것 같네요. 기분 나쁘게 생각하지는 않으려 합니다."

나는 사람들이 예수님을 실존 인물처럼 말하는 게 좋다. 내 친구 새라는 예수님을 그 남자친구라 부른다. 한번은 내가 새라에게 전화해 넋두리했다. 정말 미워 죽겠는 아무 개가 나를 점점 좋아하는 것 같아서 더는 그녀를 미워할 수 없어 속상하다고 했더니 새라가 이렇게 말했다.

"애, 그 남자친구가 지금 너한테 간섭하시는 거야."

마이클의 말은 그 남자친구가 자신에게는 "간섭하지" 않는다는 투정 같았다. "그 친구"를 믿지 않는다면서 그렇게 말한다는 게 약간 모순처럼 보였다. 다른 목사들에게는 이 상황이 위기처럼 보일지 모르지만 이런 사람을 많이 목양하는 내게는 일상에 가까웠다.

마이클에게 들려줄 조언은 내게 없었다. 그런 게 있어 본 적이 없다. 내가 예수님께 이래라저래라 할 수도 없고, 교인들이 무엇을 믿는지도 내 마음대로 안 된다. 다행히 이제 그런 데 별로 신경이 쓰이지도 않는다. 그 순간 내가 할 수 있는 일이란 예수님께 무시당하는 것 같은 느낌은 중요하지 않다고 마이클을 안심시켜 주는 것이었다. 그는 "예수가 나한테는 페이스북 친구를 안 해 주는데"라는 자신의 이야기를 내가 제대로 알아듣지 못했다는 듯 나를 쳐다봤다.

"더 홀드 스테디(The Hold Steady)라는 밴드 알아요?" 내가 물었다. "그 밴드가 부르는 노래에 이런 가사가 있어요. 한 소녀가 깨진 거울 앞에서 머리를 손질하고는 부활절 미사에 뛰어 들어가 신부에게 말하죠. '신부님, 부활이 어떤 기분인지 제가 교인들에게 말해 줘도 될까요?'"

"때로는 예수 운운도 그와 같아요." 이렇게 말한 뒤 나는 그에게 자신의 죽음과 부활 이야기를 회상해 보라고 했다.

한 해 전인 2011년 1월에 마이클 미언은 49세로 생을 포기했다. 오리건주 중부의 한 싸구려 모텔 화장실에 홀로 앉아 면도날로 손목을 그은 것이다. 출혈이 심했지만 다행히 죽지는 않았다. 앰뷸런스보다 먼저 도착한 경찰이 세심히 돌봐 주었다고 한다. 병원 응급실 의사가 마이클에게 가족이 있느냐고 물었을 때 그는 "형이 하나 있는데 가깝게 지내지는 않아요"라고 말했다.

가깝게 지내지 않는다는 그 형이 덴버에서 오리건으로 비행기를 타고 가 마이클의 상한 몸과 영혼을 바다 부근에서 고산 지대인 덴버로 데려왔다. 다 그만두려던 마이클은 다른 데보다 산소량이 부족한 덴버에서 다시 숨 쉬는 법을 배웠다.

석 달 후 마이클이 형의 집 주방에서 커피를 마시고 있는데, 일간지 『덴버 포스트』 1면에 실린 터프해 보이고 문신을 새긴 여자 성직자 사진이 눈에 들어왔다. "부활에 이끌린 반란의 목사, 전통과 도발을 섞어 이목을 끌다"라는 제목의 머리기사를 읽은 마이클은 그 주에 레드 록스에 와서 내 설교를 들었다.

춥고 축축한 일요일 아침이었다. 천연 원형 극장이자 야외 콘서트장인 레드 록스는 내가 자주 다니던 곳이다. 콜로라도에서 청소년기를 보낸 내게 레드 록스는 차를 몰고 가 술이나 마약에 취해 별을 구경하던 단골 장소였다. 1985

년에 UB40 밴드가 공연할 때는 무대 안쪽에도 가 봤다. 물론 그때는 사제복을 입지 않았을 때였다.

교회 지하실의 알코올 중독 회복 모임으로 시작해 얼마 후 로스 머클의 교회 지하실에서 견진 교육을 받던 내가 이렇게 콜로라도 원형 극장에서 1만 명(남편의 까칠한 표현으로는, 남자 5천에 여자와 아이를 합한) 군중에게 설교하기까지 오랜 세월이 흘렀다. 그런데 그 부활절 아침 레드 록스의 무대 끝자리에 앉은 나는 거대한 군중이 훤히 보는 데서 견디기 힘든 상황에 부딪쳤다. 단체복을 입은 교외 지역의 엄마들이 찬송을 부르는데 음정이 약간 처졌던 것이다. 무대에서 그런 난감한 일이 벌어지는 바람에 생각이 온통 거기로 쏠렸지만, 예배 중인 만큼 성직자로서 기겁하지 않은 척해야 했다. 내게 이런 일이 벌어지기는 그때가 두 번째였다.

내가 첫 번째로 군중 앞에서 기겁하지 않은 척한 때는 샌프란시스코 ELCA 성찬식에서 설교하기 직전이었다. "전례 댄스"라는 것을 공연했는데 명칭부터가 맞지 않았다. 내 생각에 전례 댄스는 전례도 아니고 춤도 아니다. 그냥 개방적인 중년 여성들이 스카프만 잔뜩 휘두르는 경우가 많다.

감정을 전혀 다르게 꾸미는 것은 하나님이 내게 주신 은사가 아니다. 필요에 따라 얼마간은 버틸 수 있지만 그러다 진이 빠진다. 무대에서 전례 댄스나 엉성한 찬송이 진행될 때 내가 수많은 사람의 면전에서 몸짓 언어와 얼굴 표정을 관리할 수 있는 시간은 30분 남짓에 불과하다. 그러고 나면 마치 연달아 세 번째 사람에게 친절을 베풀고 난 뒤처럼 잠시 낮잠을 자야 한다.

다행인 점도 있었다. 몸이 떨리는 추위와 눈알을 굴리지 않으려는 수고가 어우러져 내게 조금이라도 있을지 모르는 불안한 에너지를 소모한 덕분에, 설교를 시작할 때는 마음이 차분해져 있었다.

"많은 교회에서 부활절은 사실상 교회를 과시하는 날로 변했습니다." 나는 군중에게 말했다. "건물을 치장하고 백합꽃을 늘어놓고 금관악기 5중주단을 채용하고 멋지게 차려입고 어떻게든 방문객을 감동시키는 시간이지요. 제게는 이것이 늘 교회판 호텔식 손님맞이로 느껴졌습니다. 말도 안되지요. 부활절은 새 옷과 꽃과 치장의 이야기가 아니라 사실은 살과 흙과 시신과 혼란의 이야기입니다. 부활절은 결코 우리의 예상대로 행동하지 않으시는 하나님을 보여 줍니다. 우리가 생각하는 신이라면 애초에 죽음을 얼마든지 피할 수 있는데도 죽임을 당하지는 않을 테니까요."

날씨가 몹시 추워 앞에 모인 1만 군중은 오리털 파카를 입고 털모자를 썼지만, 나는 면으로 된 성직자 셔츠 위에 리넨 장백의만 걸친 상태였다. 게다가 원고를 넘길 때마다 장갑을 벗어야 했는데, 매끄럽게 하려 해도 자꾸 흐름이 끊겼다.

"부활하신 예수님은 별로 대단해 보이지 않았습니다." 내 말이 이어졌다. "교회에서 보여 주려는 모습과는 달라요. 막달라 마리아가 그분을 동산지기로 착각한 것으로 보아 더

더욱 그렇습니다."

    내가 추위에 떠는 군중을 둘러보며 말했듯이 마리아가 부활하신 그리스도를 동산지기로 착각한 이유는 그분의 손톱 밑에 무덤의 흙이 그대로 끼어 있었기 때문일 것이다. 물론 교회의 많은 성화에 등장하는 부활하신 그리스도는 손톱의 때도 없을뿐더러 동산지기보다 날개 없는 천사에 더 가깝다. 마치 그분을 깨끗한 모습으로 그려야 부활절 방문객이 더 감동하고 아무도 진리에 반감을 느끼지 않는다는 듯이 말이다. 하지만 그래서 우리에게 남는 것은 결국 부활에 대한 왜곡된 관념뿐이다. 내가 경험한 부활절의 하나님은 손톱에 때가 끼신 분이다.

    대부분의 부활절 성화와 달리 부활은 깨끗하고 멋지고 경건한 느낌과는 거리가 멀다. 내가 믿는 하나님이 나를 멋지거나 심지어 착하게 만들려는 분이라면, 나는 결코 그분을 위해 일하기로 따라나서지 않았을 것이다. 처음부터 내가 무의식중에 알았듯이 하나님이 하시려는 일은 나를 치장하는 게 아니라 새롭게 하시는 것이다.

    새롭게 된다 해서 늘 완전해 보이는 것은 아니다. 새로운 모습은 부활절 이야기처럼 대개 지저분하다. 새로운 모습은 회복 중인 알코올 중독자와 비슷하다. 화해할 자격조차 없는 가족 간의 화해와 비슷하다. 내가 틀렸을 때마다 인정하고 옳았을 때는 늘 침묵하는 것과 비슷하다. 모든 새 출발, 모든 용서의 행위와 비슷하다. 그것 없이는 살 수 없을 것만 같던 것을 내려놓고 어떻게든 그것 없이 살아가는 매 순간과 비슷하다. 우리는 사람이 새롭게 될 수 있을 줄 미처 몰랐고 감히 바라지도 않았지만, 처음부터 우리에게 필요했던 것은 바로 그것이다.

"누구나 다 새롭게 될 수 있습니다." 그 부활 주일 아침에 내 결론은 이거였다. "하나님은 흙 묻은 인류에게 계속 손을 뻗어 우리가 폭력과 거짓말과 이기심과 교만과 중독을 통해 스스로 파는 무덤에서 우리를 부활시켜 주십니다. 우리를 사랑하시기에 자꾸 우리를 다시 살리십니다."

이 설교를 듣던 당시에 마이클 미언은 교회에 다니지 않았다. 천주교인으로 자랐지만 성인이 된 후로는 교회의 필요성을 별로 느끼지 못했다. 그런 그가 삶을 끝장내려 했다가 뜻밖에도 생명을 돌려받았다. 그래서 하나님이 우리가 파는 무덤 속으로 손을 뻗어 사랑으로 우리를 다시 살리신다는 말을 들었을 때, 그는 이것이 자신에게는 단지 은유가 아님을 알았다. 그래서 다음 달에 모든 죄인과 성인의 집을 찾아왔다.

『덴버 포스트』 1면 보도와 레드 록스 부활절 예배 이후로 첫 달 동안 교회에 새로 온 사람이 어찌나 많던지, 나는 마이클을 본 기억이 가물가물하다. 50세가 다 된 그는 한쪽 다리가 짧고 대퇴골이 골절된 상태라 걸음걸이가 특이했다. 다행히 성공회 출신으로 우리 교회에 나온 지 한참 된 젊은 건축가 캐서린이 그에게 인사를 건넸다. 전례 도중에 모두

가 서로 악수하거나 포옹하면서 "평안을 빕니다"라고 인사
하는 시간이 있는데, 그때 마이클은 캐서린이 주위의 여러
친구를 포옹하는 것을 보았다. 잠시 후 그녀가 마이클에게
다가와 악수를 청했다.

그는 "저쪽에서는 다 포옹하셨잖아요"라고 말하고는 과
감히 그녀를 포옹했다.

나중에 그는 그것이 자신의 성격에 완전히 어긋나는 행
동이라고 말했다. 또 이런 말도 했다. 싸구려 모텔 화장실에
서 밤에 면도날을 들기 전에 그는 몇 달 동안 차근차근 모든
것을 정리했다. 북 디자이너로 일하던 그의 사업은 쫄딱 망
하다시피 했다. 사귀는 사람이나 돈도 없었고, 정말 사랑했
던 개마저 갑자기 병들어 죽었다. 그래서 마이클은 다 포기
하고 가구를 팔았다. 자신의 삶과 연결된 것을 모두 끊었다.

"그렇게 다 끊어지면 죽는 겁니다." 우리 교회에 나온
지 아홉 달 됐을 때 그가 후크드 온 콜팩스 커피숍에 앉아 내
게 말했다. "생면부지의 사람을 포옹할 수 있다는 것은 그 반
대이고요."

우리 교회는 마이클의 공동체가 되었다. 그는 여기서
다시 이어졌다. 다들 그를 원하고 존중했다. 그런데 우리 교
회에 있는 예수의 친구들을 사랑한다는 그가 정작 예수 자
신과는 남남 사이 같다고 털어놓은 것이다. 그 말이 내게는
마하트마 간디가 했다는 말과 묘하게 반대로 들렸다. "나는
당신네 그리스도는 좋은데 그리스도인들이 싫습니다." 간디

의 이 말에 나도 동의하는 편이다.

그날 커피숍에서 예수가 가깝게 느껴지지 않는다는 마이클에게 내가 그 자신의 죽음과 부활 이야기를 상기시킨 지 석 달 만에, 그는 다시 병원 신세를 졌다. 이번에는 점진적 부활 같았다. 대퇴골을 이식한 것이다.

나는 문병객용 방수 의자에 앉아 그의 달라진 삶에 대해 들었다. 말하는 본인도 놀랄 정도였다. 그는 아직 사업을 이전 수준으로 복원할 수 없었고, 아직 형에게 얹혀살았고, 아직 다른 개를 사랑할 자신도 없었다. 그러나 이제 마이클에게는 예수의 친구인 친구들이 있고, 가서 기도할 수 있는 곳이 있고, 완전히 새로워진 대퇴골이 있다. 게다가 "그 친구"가 딱히 가깝게 느껴지지 않는데도 그는 기독교의 기본 개념인 죽음과 부활을 내가 아는 대다수 성직자보다 더 잘 이해했다. 덕분에 예수 운운이 모두 진품이라는 내 믿음도 더욱 깊어졌으니 신기한 일이다.

내 이름을 부르시는 소리를 듣고 돌이켜 예수님을 알아볼 때가 있다. 그럴 때는 믿음이 하나님과 나누는 우정처럼 느껴진다. 반대로 믿음이 오히려 걸림돌 같거나 아예 공허하게 느껴질 때도 많이 있다. 하지만 그런 건 결국 하나도 중요하지 않다. 예수님이 어떻게 느껴지고 하나님이 얼마나 가깝게 느껴지는가는 하나님이 우리에게 어떻게 행하시는가에 비하면 무의미하다. 실제로 하나님은 우리의 지저분한 삶 속에 들어와 그 속에서 우리를 사랑하신다. 그분의 도움을 우리가 원하지 않더라도 말이다. 또 우리가 모종의 부활을 경험한 후에도 부활은 결코 부활절의 장식 모자처럼 완전하거나 화려하지 않다. 부활한 몸의 모습은 예수님처럼 늘 투박하기 때문이다.

17

×

성향이 다른 사람들

손님 대접하기를 잊지 말라. 이로써 부지중에 천사들을 대접한 이들이 있었느니라. —히브리서 13:2

"교회를 딴 데로 이사해야겠어." 전례를 마치고 뒷정리를 하면서 내가 내 오른팔 여성인 에이미 클리퍼드에게 말했다. "여기는 동네가 너무 좋아서 엉뚱한 사람이 꼬이거든."

에이미는 웃었는데 웃음에 이런 말이 담겨 있었다. "그거 이상한데. 하지만 어련히 알아서 잘 하겠지."

2011년 여름이었다. 덴버의 웅장하고 유서 깊은 동네 파크힐은 모든 죄인과 성인의 집이 임시로 머물던 지역인데, 내가 파크힐을 떠나야겠다고 말한 것은 석 달 전에 있었던 나쁜 일 하나와 좋은 일 두 가지 때문이었다. 나쁜 일은 3년 동안 멋있고 예술적이고 힙한 그 동네에 머물던 우리가 교회 건물에서 쫓겨났다는 것이다. 좋은 일은 『덴버 포스트』에서 우리 교회를 머리기사로 다룬 데 이어 내가 레드 록스에서 설교했다는 것이다. 전통적 반소매 사제복 차림에 문신투성이 팔뚝을 굽히고 안경 너머로 엄하게 쳐다보는 내 전신사진을 보노라면, 마치 누구든 내 설교를 듣지 않았다가는 내가 그 사람의 엉덩이라도 걷어차 줄 것처럼 보인다.

'앞으로 확 달라지겠구나.' 그런 생각이 들었다. 레드 록스에서 설교할 기회가 내게 주어진 데다 사진까지 퍼졌으니, 모든 죄인과 성인의 집에 올 만한 부류지만 그동안 우리에 대해 들어 보지 못했던 덴버 사람들이 우르르 몰려오겠지 싶었던 것이다. 그때까지 우리 교회의 일요일 출석 인원은 45명을 넘기 힘들었고(내가 대규모 집회의 설교자로 뽑히고 신문에까지 났다는 것이 그래서 더 이상했다), 그중 절대다수는 덴버시에 사는 미혼 청년이었다. 당연히 나는 우리 교회가 초대형 스크린과 주차 요원들과 세탁 대행 서비스를 갖춘 대형 교회로 성장하는 것을 원한 적이 없으며, 총동원 주일의 경험에서 톡톡히 배웠듯이 그럴 위험도 별로 없다.

첫해에 누군가 내게 이 개척 교회가 아주 커질 것 같으냐고 물은 적이 있다. 나는 씩 웃고서 하늘을 보며 말했다. "예…… 음…… 아뇨." 예수님이 우리를 불러 자아와 고정관념과 자만심에 대해 죽으라고 하신다는 게 교회의 주요 메시지 중 하나라면, 그런 허튼소리를 듣자고 교회에 인파가 몰려들 일은 없다. 아낌없는 손님 대접의 미덕을 실천하는 교회에는 "성장"이란 단어가 따라붙기 힘들고, 나그네를 환대할 때 예수님을 체험한다는 개념은 우리의 안정을 허물어뜨린다. 반면 "예수님은 여러분이 부자가 되고 아름다워지기를 원하십니다"라는 메시지는 효과가 좋다. 신수가 훤한 미국의 백만장자 목사들과 일요일 아침마다 꽉 들어차는 대형 주차장이 그 증거다.

그래도 나는 "우리"가 좀 더 많아지기를 바랐다. 내가 꿈꾸던 교회 성장은 전례에 70명이 참석하는 것이었다. 70명이면 일을 분담하고 경제적으로 자립하면서도 서로가 누구인지를 알 수 있다. 45명이던 때는 내가 맡은 일과 부담하는 돈이 내 몫보다 많았다. 솔직히 그게 싫었다.

출석 인원이 늘지 않아 미칠 것 같았다. 두 명이 새로 나오면 바로 세 명이 타지로 이사하곤 했다. 아득하고 허망해서 영적으로 쫓기는 심정이었다. 분명히 덴버에 우리 교회와 잘 맞을 만한 사람이 45명보다는 많을 텐데 그들이 우리 교회를 모를 뿐이다. 그래서 사람을 더 불러 모으려고 내가 할 수 있는 일은 다 했다. 덴버시의 모든 사람과 커피를 마셨다. 두 번씩 마셨다. 지역 사회에서 특이한 행사도 자주 열었고 생각나는 데마다 내 얼굴도 들이밀었다. 그래도 숫자는 45명에서 멎어 있었다. 정말 괴로웠다.

첫해의 어느 가을밤에 나 혼자 침대에 누워 있는데 매튜가 서랍장 안의 뭔가를 꺼내러 들어왔다. 즉시 나는 마침

사로잡혀 있던 생각(아무개가 왜 이제 교회에 안 나올까 하는 생각이었을 것이다)을 신나게 그에게 쏟아 냈다. 너무 열중한 나머지 그가 멍하니 서 있는 줄도 몰랐다.

"아, 교회 말고 딴 생각 좀 하고 싶다." 마침내 내가 우는 소리를 했다.

그러자 남편은 "맞아, 나도 그래"라고 되받은 뒤 불을 끄고 나갔다. 캘리포니아에서 그가 전례에 같이 가자고 나를 설득하던 때가 있었는데, 그때가 까마득한 옛날처럼 느껴졌다.

부활절 바로 다음 주에 우리 교회의 사람 수는 두 배로 늘었다. 『덴버 포스트』와 레드 록스를 통해 외부에 알려졌으니, 그냥 호기심에서 모든 죄인과 성인의 집이 어떤 곳인지 보러 올 구경꾼이야 있으려니 했다. 하지만 그들이 눌러앉으리라는 것과 우리와 성향이 다르리라는 것은 미처 몰랐다. 나는 "우리"가 많아지기를 바랐던 것이지 "우리"가 달라져야 할 줄은 예상하지 못했다.

우리 교회가 신문에 나는 게 천금 같은 기회라는 거야 나도 알았지만, 기사가 실리던 성토요일 아침에 나를 비롯한 거의 모든 교인은 신문을 **구하러** 다녀야 했다. "내 사람들"은 신문을 읽지 않는다. 뉴스는 온라인으로 보거나 공영라디오로 듣는다. 신문은 50대의 신도시 주민이나 읽는 것인데, 마이클 미언을 제외하고는 그날의 방문객 대부분이 그런 부류였다. 아찔했다.

초여름의 몇 주가 지나는 동안 나는 최대한 그들을 환대하려 애썼지만 점점 더 힘들어졌다. 우리와 달리 그들은 시내의 주류 개신교회 중 아무데나 가도 된다. 그곳에 그들과 똑같은 사람이 수두룩하다. 교회를 개척할 때부터 우리는 종교의 소비문화를 경멸했다. 우리 교회는 시장 조사를 바탕으로 제작된 종교 상품을 교인이 수동적으로 소비하는 곳이 아니라 누구나 직접 참여하는 교회다. 함께 미술품을 만들고 아카펠라를 부른다. 빙 둘러 앉아 전례의 대부분을 아무나 그 주에 인도하고 싶은 사람이 인도한다. 그런데 중산층 식당에 다니는 보수적 옷차림의 신도시 베이비부머들은 우리 교회의 예배를 소비하러 왔다. 자기네가 무엇을 만들어 내든 이 "산뜻한" 예배가 훨씬 더 멋지고 진정성 있다는 이유에서였다. 나는 그게 끔찍해서 화났고, 그런 내 분노가 끔찍해 보였다.

독립 부티크 같은 내 소중한 교회를 그들은 편의점 대하듯 했다. 그래서 나는 평소 우리 교회에 끌리던 소수자와 소외층이 앞으로 여기 와서 자기네 부모와 비슷한 무리를 보고는 '여기는 내가 있을 곳이 아니네'라고 생각할까 봐 두려웠다. 그런 낌새가 보이면 나는 그냥 폭발해 버릴 것이다.

멋진 드래그 퀸 스튜어트나 힙한 꽃중년 필이나 나 나디아가 보수 장로교회에 가면 별로 환영받지 못할 것이다. 전통 주류 교회가 편안하게 느껴지는 사람은 우리 교회에 거의 없다. 그런데 사실 우리도 어느새 보수 중년층 남성과 사커맘(자녀의 교육과 과외 활동에 열성적인 중산층 여성―옮긴이)을 뜨악하게 대하고 있었다.

나는 "급성장과 인구 변화"를 의제로 내걸고 전 교인 회의를 소집했다. 하지만 속셈은 따로 있었다. 기존 교인들이 그냥 자신이 누구이며 이 교회가 여태 어떤 곳이었는지를 말하면, 우리 교회에 맞지 않는 새 교인들은 여기가 자신이 있을 곳이 아님을 깨닫고 스스로 떠나지 않겠는가. 하지만 회의 순서를 짤 때부터 이미 나는 그게 잘못된 생각임을 알았다. 이유야 자명했다. 그다지 좋은 그리스도인조차 못 되는 사람이 좋은 목사가 되기란 난망한 일이다.

두 주 후 회의가 열리던 밤에 바깥은 덥고 건조했다. 회의 장소인 오그든 하우스의 문간에 들어서니 건물 벽돌이 마치 방금 피자를 구워 낸 오븐처럼 열기를 뿜어냈다. 지어진 지 100년 된 방 열세 칸짜리 주택인 덴버의 오그든 하우스는 청년들이 1년간 역내 여러 서비스 기관의 자원봉사자로 일하면서 기독교 공동체로 생활하는 곳이다. 오래된 집이라 에어컨이 없다. 대표와 세 이사와 수많은 전현직 자원봉사자가 우리 교회 교인이다 보니 가끔 우리가 거실을 모임 장소로 빌려 쓴다. 나는 의자를 들쭉날쭉 대충 빙 둘러 놓고 한쪽에 슈거 쿠키도 내놓았다. 쿠키에 입힌 당의가 열기에 녹아 번들거렸다.

회의 전 두 주 동안 정서적 갈등이 치열했던 내가 이제 차분해져 있었다. 본래 나는 지역 신문을 읽고 중산층 식당에 다니는 부류의 위협으로부터 내 공동체를 보존하고 지킬 작정이었다. 가상한 노력이긴 했지만 패했다. 신성한 패배처럼 느껴졌다.

회의가 열리기 며칠 전에 나는 심장 이식이라고밖에 표현할 수 없는 일을 겪었다. 구약의 괴짜 선지자 에스겔이 그것을 잘 설명했다. 그가 기록한 에스겔서 36장 26절에 보면 하나님이 그에게 이렇게 말씀하신다. "또 새 영을 너희 속에 두고 새 마음을 너희에게 주되 너희 육신에서 굳은 마음을 제거하고 부드러운 마음을 줄 것이며."

제거처럼 느껴지지 않았다. 제거는 너무 무난한 단어다. 내 심장은 뜯겨 나갔다. 내 마음은 점차 적의와 비판으로 완고해졌고, 그럴수록 나는 이런 냉혹한 마음이 왜 정당한지를 구구절절 늘어놓았다. 그러자 결국 하나님은 "그만하면 됐다" 하시더니 마취제나 멸균 처리도 없이 손을 넣어 내 굳은 마음을 뜯어내고 부드러운 마음으로 교체하셨다. 이번이 처음도 아니다. 이런 일이 자주 있으니 편의상 내가 흉부에 지퍼백이라도 달아 두었을 것 같지만 그렇지도 않다.

회의를 며칠 앞두고 나는 친구 러셀에게 전화했다. 그가 세인트 폴에서 목회하는 교회는 내력과 인구 구성은 우리 교회와 비슷한데 역사가 우리보다 10년쯤 앞선다. 나는 이쪽 상황을 전하면서 그 교회도 여러 부류의 사람이 유입되면서 기존 정체성이 흔들린 적이 있는지 물었다.

러슬은 내 비위를 맞추지 않고 정곡을 찔렀다. "물론 그

럴 땐 힘들지요. 당신네 교회는 젊은 트랜스젠더가 처음 나
오면 아주 잘 환대하니까. 하지만 당신네 부모와 비슷한 사
람이 올 수도 있는 겁니다." 나는 전화기를 앞에 쳐들고 "당
신 내 친구 아니었어?"라고 외친 뒤 전화를 끊고 싶었다. 하
지만 그럴 수 없었다. 그 순간 내 몸을 관통하는 온기와 사랑
이 실제로 느껴졌기 때문이다. 몇 주 만에 처음인 것 같았다.
러셀의 말이 옳았다.

우주를 창조하신 분이 기꺼이 시간을 들여 (성과가 오래가
지 않는데도) 번번이 내 마음을 변화시켜 주신다. 물론 하나님
을 믿지 않는 사람이 이 말을 들으면 비웃을 것이다. 그걸 알
면서도 달리는 설명할 수 없다. 이것만은 분명하다. 살다 보
면 나는 어떤 개×식의 잘못 때문에 잔뜩 열받아 더는 제대
로 생각하거나 숨조차 쉴 수 없을 때가 아주 많다. 그때마다
소위 의분 외에는 어떤 감정도 들어 본 적이 없다. 긍휼은 늘
온데간데없다. 아무리 수양을 쌓고 목회 경력이 늘고 알코
올 중독자로서 금주에 성공했어도 그것만은 달라지지 않는
것 같다. 그런데 하나님이 친구를 통해 내게 오시고 그 친구
가 아주 못돼 먹어서 내게 진실을 말하면, 정말 마치 내 심장
이 가슴에서 뜯겨 나가고 따뜻하게 박동하는 심장으로 교체
되는 것 같다. 이 과정 전체가 워낙 갑작스럽고 실감나고 내
본성에 어긋나기 때문에 내 힘으로 된 일일 수는 없다.

드디어 회의 날이 되어 교인들이 피자 오븐 같은 거실
로 모였다. 이제 나는 그들 하나하나가 교회에 왔다는 사실

자체가 기적이라는 생각밖에 들지 않았다. 불과 며칠 전에 심장 이식을 받은 덕분에 새 교인들에 대한 궁금증도 생겨 났다. 회의가 시작될 즈음에는 여기서 무슨 일이 있어야 하 는지가 분명해졌다. 보수적 옷차림의 새 교인들이 우리에게 자신이 누구이며 이곳에 왜 왔는지를 말해야 한다. 그래야 문신을 새긴 젊은 기존 교인들이 이 교회가 정말 어떤 곳인 지를 들을 수 있다. 그 전에 나는 친구 러셀이 내게 해 준 말, 즉 교회에 처음 나오는 사람이 우리네 부모와 비슷할 수도 있다는 말을 그들에게 나누었다.

맨 먼저 마이클 미언이 한 말은 나중에 커피숍에서 내 게 한 말과 같았다. 자신이 무엇을 믿는지는 모르지만, 성찬 식 때 진짜 변화가 일어난다는 것만은 안다고 했다. 망가진 사람도 환영받는 곳이라는 확신이 없었다면 자신은 결코 이 교회에 오지 않았을 거라고도 했다.

73세의 성공회 집사인 마시어는 자신이 우리 대부분보 다 나이가 들긴 했지만, 자신에게는 이 교회가 정말 기도하 고 자기다워질 수 있는 곳으로 느껴진다고 말했다. 다음은 지난 몇 주간 교외 지역에서 45분이나 운전해서 온 걸스카 우트 리더 제니퍼였다. 그녀는 자신이 이 교회에 맞는지는 모르지만, 전례 시간에 하나님이 아주 가깝게 느껴지기 때 문에 운전하고 다닐 만하다고 말했다.

이어 애셔가 입을 열었다. "이 공동체에 환영받은 젊은 트랜스젠더로서 꼭 하고 싶은 말이 있습니다. 이제 교회에

제 엄마 아빠처럼 보이는 분들이 계셔서 정말 좋다는 겁니다. 엄마 아빠와는 사이가 멀어졌지만 대신 그분들과 친하게 지낼 수 있으니까요."

이렇게 심장 이식은 치유되었다.

나는 예수님의 복음에서 죽음을 빼놓을 수 없다는 게 싫다. 정말 싫다. 그분의 메시지가 이런 거였으면 좋겠다. "나를 따르면 너희가 꿈꾸는 현금과 상품을 몽땅 얻으리라. 나를 따르면 평생 지방 흡입술을 공짜로 받고 로또에 당첨되리라." 물론 예수님은 그런 분이 아니다. 그분은 "자기를 부인하고 자기 십자가를 지고 나를 따를 것이니라", "먼저 된 자로서 나중 되고 나중 된 자로서 먼저 될 자가 많으니라"고 말씀하신다. 격분을 자아내는 말씀도 있다. "무릇 자기 목숨을 보전하고자 하는 자는 잃을 것이요 잃는 자는 살리리라." 나는 내가 특별하다는 생각, 매사에 내 뜻대로 하려는 계획과 욕심에 대해 죽어야 한다. 그런데 뭔가에 대해 죽어야 할 때마다 거기에 저항한다. 그래도 일단 죽으면 내 뜻을 이루었을 때보다 매번 더 풍성한 생명과 자유를 누린다.

× × ×

물론 새 교인들 덕분에 이제 모든 죄인과 성인의 집은 더 강건해졌다. 일요일마다 모이는 120여 명의 사람을 둘러보노라면 누구나 이런 생각이 들 것이다. '이 모든 사람의 공통점이 뭔지 모르겠네.' 이쪽을 보면 기업 변호사에게 성찬식 빵과 포도주를 나눠 주는 노숙자가 보일 것이고, 저쪽을 보면 신도시 사커맘의 아기를 안고 있는 분홍색 머리칼의 십대 소녀가 보일 것이다. 그런데 1년 전에 나는 우리 교회의 별난 특성이 희석되지 않을까 두려워했다.

18

×

우리의 사고뭉치

세례 요한이 광야에 이르러 죄 사함을 받게 하는 회개의
세례를 전파하니 온 유대 지방과 예루살렘 사람이 다 나
아가 자기 죄를 자복하고 요단강에서 그에게 세례를 받
더라. —마가복음 1:4-5

"어이쿠, 빵이 다 떨어졌네요." 릭 스트랜드로프가 주방에서
소리쳤다. 그 말에 다들 하던 일을 멈췄다. 조금 전까지만 해
도 지퍼백, 일회용 마요네즈, 호박파이 조각, 명절의 쾌활한
장난기 등으로 교회 지하실의 소란은 가히 못 말릴 정도였
다. 모두 멈췄는데 아이들만 일이 중단된 것을 모른 채 점심
도시락용 종이봉투에 계속 스티커를 붙였다. 스티커에는 이
렇게 적혀 있었다. "추수감사절에 일하셔야 한다니 짜증 나

죠. 그래서 모든 죄인과 성인의 집에서 터키 샌드위치를 준비했습니다."

덴버 전역의 많은 사람에게 우리가 예고 없이 추수감사절 점심 식사를 배달하기는 이번이 3년째다. 대부분 친구나 가족과 함께 보내는 명절에도 어쩔 수 없이 근무해야 하는 이들을 위한 것이다. 점심이긴 하지만 우리가 준비하는 터키 샌드위치는 갓 구운 칠면조로 만든 샌드위치, 호박파이 조각, 소를 넣은 머핀 등 전통적 추수감사절 식사와 비슷하다. 일회용 소금과 후추와 마요네즈와 머스터드와 냅킨도 곁들인다. 이렇게 600인분을 준비해서 차에 싣고 흩어져 주유소 직원, 스트립 댄서, 경비원, 바텐더, 버스 운전사, 병원 수위 등을 찾아가 나눠 준다.

터키 샌드위치 봉사가 릭에게는 이번이 처음이었다. 그는 이날을 고대했다. 이 행사가 그의 조증 성격에 잘 맞기 때문이다. 우리에게 처음 오던 6개월 전에 릭은 조울증과 공상 허언증에 걸린 노숙자였다. 반년이 지난 지금 그는 조울증과 공상 허언증에 걸린 **우리의** 노숙자다.

그는 자주 빨지 않아 냄새나는 두툼한 아웃도어 조끼와 리바이스 청바지 차림이었고, 잠은 어느 폐건물에서 잤다. 그래도 릭이 우리 교회의 요긴한 일손인 것만은 틀림없다. 행사 때마다 일찍 와서 일이 다 끝날 때까지 자리를 지킨다. 하지만 그가 터키 샌드위치에 필요한 빵을 더 사오겠다고 자청했을 때는 나도 주춤했다. 교회에 모든 사람을 환영하면 이런 일이 생긴다. 정말 누구나 다 온다. 그런데 릭 스트랜드로프는 악명 높은 사기꾼이다.

나는 손에 든 교회 신용 카드의 양각 숫자를 엄지손가락으로 연신 문질렀다. 마치 그것이 릭의 제의에 어떻게 대응해야 할지를 알려 주는 점자 메시지라도 된다는 듯 말이다. 그러다 50대의 후덕한 부인 아일린 쪽으로 휙 돌아섰다. "아일린, 오늘 차 가지고 오셨죠? 얼른 다녀오실래요?"

릭이 우리 교회에 처음 나왔을 때 나는 커피숍에서 그를 만나 이렇게 말문을 뗐다. "당신이 누군지 알아요. 그러니까 거기서부터 시작합시다."

이태 전인 2009년 여름에 FBI(연방수사국)에서 릭 던컨이라는 이라크전 퇴역 군인을 수사했다. 던컨은 텔레비전 광고에 나와 정계 후보를 지지하면서 자신이 반전(反戰) 퇴역 군인이며 9.11 사태 때 국방부 건물에도 있었다고 말했다. 재향 군인 보훈에 일조하고자 비영리 재단까지 설립해 실제로 큰 유익을 끼쳤다. 하지만 그의 이름은 릭 던컨이 아니라 릭 스트랜드로프였다. 릭 스트랜드로프는 군복무를 한 적이 없다. 2009년 7월 CNN 앤더슨 쿠퍼와의 어색한 인터뷰에서 그는 이 모두를 사실로 시인했다.

인터뷰한 지 얼마 안 돼서 그는 군 훈장과 메달의 무단 착용, 제작, 매매를 금하는 연방 법령인 공훈도용방지법 위반으로 기소되었다. 퇴역 군인을 사칭하는 것으로 모자라 자신이 전투 중에 부상을 입어 퍼플 하트 훈장까지 받았다고 주장한 것이다. 물론 릭 스트랜드로프는 그런 훈장을 받은 적이 없고, 이 거짓말 때문에 장기간 연방 교도소에 구금된 채로 재판을 받았다. 언론에서도 뭇매를 맞아 한동안 많은 신문과 텔레비전 방송이 그의 얼굴과 이름(실명)으로 도배됐다.

2010년 7월 16일 덴버의 연방 판사는 공훈도용방지법이 표현의 자유를 침해하므로 헌법에 위배된다고 판시했다. 다시 말해서 연방 법원의 판결에 따르면 자신이 훈장을 받은 전쟁 영웅이라는 릭 스트랜드로프의 거짓말은 비난을 살수는 있어도 위법은 아니었다. 이로써 그의 모든 혐의가 기각됐다. 대다수 사기꾼과 달리 결국 릭은 돈을 횡령하려고 남을 속인 적은 없기 때문이다. 그는 그냥 호감을 사고 싶었고, 또 돕고 싶었을 뿐이다. 하지만 퇴역 군인을 도운 활동으로 얻은 찬사는 이제 모두 사라지고, 대신 군인을 사칭한 데 대한 신랄한 비난만 남았다. 릭 스트랜드로프에게 속아서 그를 미워하는 사람이 많다. 그래도 그는 멈추지 않았다.

이듬해 여름 그는 릭 골드라는 이름으로 덴버에 다시 등장해 자신이 텔아비브 태생이며 이스라엘 군에 복무했다고 주변 사람들을 설득했다. 물론 다 거짓말이다. 릭은 (내 생각에) 유대인이지만, 이스라엘에 가 본 적도 없고 군복무도 하지 않았다.

사기당하는 것은 식도암과 더불어 내가 가장 피하고 싶은 일에 속한다. 그러잖아도 덴버의 포주에게 한 번 속은 나로서는 덴버의 사기꾼에게 또 당할 마음이 추호도 없었다. 그래서 2011년 8월 릭 스트랜드로프가 우리 교회에 왔을 때 내 본능적 반응은 그를 쫓아내자는 것이었다. 예수님도 그러신다면 좋으련만.

아, 예수님을 어찌하면 좋은가. 내 일에 신경 쓰실 것 없이 얌전히 계셨으면 싶을 때마다 그분은 어김없이 끼어드시는 것 같다. 역시 친구 새라의 말이 옳다. 그 남자친구는 늘 나한테 간섭하신다. 최악이다.

믿음의 사람이 되는 게 예컨대 성격 개조에 더 가깝다면, 삶이 한결 쉬워질 것이다. 하지만 그렇지 않다. 지난 세월 나는 더 나은 사람이 되어 보려 노력했지만 안타깝게도 대부분 부질없었다. 술을 곱게 마시거나 타인에 대해 늘 좋게 말하거나 내 차를 노숙자의 거처처럼 보이지 않게 하는 일이 나로서는 도저히 불가능했다. 10년 전 크리스마스 때 남편이 사랑으로 사 준 더블베이스도 한 번도 연주되지 못한 채 늙어 가는 빅 사이즈 모델처럼 그냥 구석에 놓여 있다. 더 나은 사람, 더 착하고 깔끔하고 음악을 즐기는 사람으로 변신하려는 내 결심이 무색하다. 더 나은 사람이 되어야 릭 스트랜드로프를 무조건 사랑할 수 있을 텐데 말이다.

나 자신이 거부당한 경험, 수년간의 신학 교육, 수많은 기도, 목사 안수, 교회를 섬기는 삶 등에도 불구하고 내 성격은 여전히 태어날 때와 똑같다. 성질이 급해서 걸핏하면 짜증을 낸다. 거의 모든 것에 대한 내 첫 반응은 "엿 먹어라"이다. 대개 그 상태로 남아 있지는 않지만 거의 항상 거기서 출발한다. 나는 여전히 나다. 하지만 이제 "엿 먹어라"에서 그보다 덜 적대적인 상태로 용케 옮겨 갈 수 있으며, 그 이동이 빠를 때가 많다. 이 또한 내게는 하나님을 믿을 근거가 된다. 매번 이것은 회개처럼 느껴진다.

거리의 설교자들이 말하는 회개는 아니다. 그들은 "회개하라!"는 팻말을 흔들며 핏대를 올리지만 그런 회개는 늘 내게 이렇게 들린다. "이제부터 악하게 살지 말고 착하게 사십시오. 그러지 않으면 성난 심술보 하나님이 여러분을 벌하실 것입니다." 이것은 인간의 위협으로 느껴질 뿐 다른 것은 아니다. 나한테는 통하지 않는다. 불량배에게라면 혹시 몰라도, 영적 팔뚝을 비틀려서 패배를 선언하고 싶은 사람이 누가 있겠는가? 두려움과 위협 때문에 행동이 달라질 수 있는 거야 틀림없지만 정말 내 생각까지 달라질 수는 없다. 위협은 내 마음을 변화시키지 못한다. 그게 겁나서 내가 "엿 먹어라"에서 덜 못돼 먹은 상태로 얼른 옮겨 갈 일은 없다.

헬라어로 회개는 "속이는 버릇을 고친다"는 뜻보다 "앞으로 다르게 생각한다"는 뜻에 훨씬 더 가깝다. 물론 회개하면 매춘부가 도서관 사서로 바뀔 수도 **있다**. 하지만 매춘부가 이렇게 말하는 것만도 회개일 수 있다. "그래요, 난 성노동자이고 이것을 어떻게 고쳐야 할지 몰라요. 하지만 이곳에 와서 빵과 포도주를 받을 수는 있어요. 하나님 외에 누구에게도 자격을 인정받을 필요 없이 그분의 사랑을 붙들 수 있어요."

릭 스트랜드로프는 난생처음 실존 인물이 되려는 중인데 자신이 누구인지를 정말 더는 모른다. 다행히 성찬식에서 조금이나마 자신을 본다. 자신에게 빵과 포도주를 건네며 "하나님의 자녀인 그대를 위해 찢기신 그리스도의 몸입니다"라고 말하는 사람의 눈에서 자신을 본다. 이것이 그의 회개다.

콜팩스 스트리트의 성인용 책방 점원이 우리가 건네는 샌드위치 봉투를 받고 눈물을 글썽이며 "그러니까 나 먹으라고 교회에서 추수감사절 점심을 가져왔다고요? ……여기로?"라고 말할 때, 그것도 회개다.

내 참모습과 하나님의 참모습을 보여 주는 진리 앞에서 그에 맞서는 모든 어두운 생각이 쫓겨날 때, 내게도 "앞으로 다르게 생각하는" 회개가 찾아온다. 이런 진리가 내 내면으로부터 나올 리 만무하다. 그것은 작고 이상한 봉투에 담겨 예상치 못한 방식으로 우리 삶에 배달된다. 내 성질대로라면 릭 스트랜드로프 같은 이들을 내 삶 속에든 우리 교회에든 결코 들여놓지 않을 것이다. 앞서 말했듯이 나는 거짓말하는 사람이라면 질색이며, 내 마음을 변화시켜 주실 하나님을 신뢰하기보다 내 힘으로 타인으로부터 자신을 보호하려는 잘못까지 범한다. 그래도 나는 정말 릭을 사랑하며, 내게 이것은 하나님을 믿을 또 하나의 근거일 뿐이다.

사기꾼을 쫓아내 자신과 교회를 보호하려던 내가 오히

려 그에게 우리 공동체에 남아 정착할 것을 권했으니, 이것을 회개가 아니면 무엇으로 설명하겠는가. 이 또한 여피족(도시의 젊은 전문직 종사자들을 뜻하는 약어—옮긴이)이 모여들던 그때 내게 필요했던 일종의 심장 이식과도 같았다. 덴버의 퇴역 군인들과 유대인들처럼 나도 체면을 잃을까 봐 못내 걱정했지만(솔직히 지금도 걱정될 때가 있다), 어쨌든 하나님은 손을 넣어 내 마음을 뜯어내고 그분의 마음으로 교체하셨다.

그렇게 바로 10분 전에 영적 심장 이식을 받은 덕분에 나는 커피숍에서 처음 만난 릭에게 제안했다. "이러면 어떨까요? 모든 죄인과 성인의 집에 남아 그냥 릭 스트랜드로프가 되시는 겁니다. 지금은 망가진 상태잖아요. 그래서 내 계획은 당신을 사랑으로 감시하다가 당신이 정직하지 않으면 그걸 지적해 주는 겁니다." 경고도 곁들였다. "릭, 대신 그 병증을 어느 정도 고쳐야 합니다. 장난 아니에요. 가서 치료를 받으세요."

그도 동의했다. 이제 우리는 그것을 "그 계획"이라 부른다.

그래서 그는 성인이 된 후 처음으로 그냥 릭 스트랜드로프로 사는 중이다. 하지만 릭 스트랜드로프로 사는 게 릭 던컨이나 릭 골드로 사는 것보다 더 고통스럽다. 진짜 릭은 어린 시절에 방치됐었고 정신 질환과 알코올 남용의 이력도 있기 때문이다.

"진짜 내 모습으로 사랑받으니까 약간 아프네요." 근래에 그가 내게 한 말이다. 이제 릭은 술을 끊은 지 6개월이 되었고, 조울증 치료를 받고 있으며, 얼마 전 실내로 이사했다. 그런데 릭처럼 목소리가 큰 사람을 별로 보지 못한 데다 그의 과잉 행동이 거의 경련에 가깝다 보니, 종종 나는 약을 먹는다는 그의 말이 거짓말이 아닐까 싶기도 하다. 그가 속이려면 무엇이든 속일 수 있겠지만 그거야 우리도 다 마찬가지다. 분명한 것은 그가 무슨 일을 맡든 교회에 큰 도움이 된다는 것과 온 교인이 그를 사랑하고 원한다는 것이다.

"덴버를 점령하라" 시위가 한창이던 2011년 가을에 릭은 인근 시위 본부에서 음식물 분배를 전부 기획하고 감독했다. "시위대에게 먹을 것을 나눠 주다 보니 참 신기하네요!" 내게 그렇게 말하는 릭은 전화 속 목소리도 쩌렁쩌렁했다. "누구에게나 다 주거든요. 시위에 관심도 없으면서 사기치는 노숙자든 점심 먹으러 나온 변호사든 상관없어요." 거기서 잠시 말이 끊겼다 이어졌다. "우리 교회 성찬식에서만 보던 모습이라서요." 전화를 끊을 때 나는 울지 않는 척했다.

19

×

맥주와 찬송

막달라 마리아가 가서 제자들에게 "내가 주를 보았다"
하고 또 주께서 자기에게 이렇게 말씀하셨다 이르니라.
—요한복음 20:18

그날 밤 아이리시 펍이 워낙 혼잡하고 시끄러워 우리는 제
대로 노래할 수 없었다. 그래도 혼돈에 맞물리는 신성한 대
위 선율처럼, 그 속에서 소음을 뚫고 노래했다. 모든 죄인과
성인의 집은 분기별로 '맥주와 찬송'(릭 스트랜드로프와 내 경우
는 '다이어트 콜라와 찬송') 행사를 개최한다. 그런데 행사가 조금
전에 끝났는데도 웬지 우리는 집에 가지 않고 만과(晩課)라
는 저녁 기도를 노래했다. 술집에서 저녁 기도를 노래하기
는 **우리도** 처음이었지만, 그날은 2012년 7월 20일이었다. 19

시간 전에 동쪽으로 15킬로미터 떨어진 데서 총격범이 배트맨 영화를 상영 중인 심야 극장에 들어가 총기를 난사하는 바람에 열두 명이 사망하고 수십 명이 부상을 입었다. 그 극장에 우리 친구도 여럿 있었다. 총에 맞지는 않았지만 부상을 입기는 마찬가지였다. 현장에 없었던 사람은 이 부상을 결코 다 이해하지 못할 것이다.

맥주와 찬송 행사는 몇 달에 한 번씩 돌아온다. 대개 우리는 술집 지하에 최대한 빼곡히 모여 맥주잔을 높이 들고 힘차게 옛 찬송가를 연달아 부른다. 그날 밤 모임도 몇 달 전부터 예정되어 있었다. 총기 난사 사건이 벌어진 후 행사를 취소할까도 잠시 생각해 봤지만 그 생각은 금방 지나갔다. 대신 나는 페이스북에 글을 올려 "무덤으로 가면서도 우리는 할렐루야를 부르나이다"라는 장례 미사 문구처럼 밤에 예정대로 모여 하나님을 찬양하겠다고 공지했다.

게다가 사람은 비극을 당한 때일수록 함께 있을 필요가 있다. 어떻게 말하거나 행동할지 모를지라도 우리는 그냥 한자리에 모여야 한다. 지척에서 살육이 벌어진 지 몇 시간 만에 한자리에 모일 거라면, 우리가 할 수 있는 일로 하나님을 찬송하는 것보다 더 좋은 게 무엇이겠는가? 그래서 우리는 맥주와 찬송 행사를 취소하지 않고 선용했다. 아무래도 평소처럼 목청이 떠나갈 정도는 아니었지만, 뭔가 새로운 분위기도 감지됐다. 맥주잔을 들고 "내 영혼 내 영혼 평안해"를 부르는 짐과 스튜어트와 에이미의 결연한 표정에서 나는 그것을 보았다.

그날만의 독특한 분위기가 정확히 무엇인지 짚어 내는 데 몇 분 걸렸지만, 마침내 깨달았다. 찬송가를 부르는 우리의 자세에 저항이 담겨 있었다.

이틀 후인 7월 22일 일요일에 우리는 매주 그러듯이 성찬식으로 모였다. 마침 이날은 내 수호성인인 성 막달라 마리아 축일이었다. 역시 성인을 기리려던 것을 취소하고 대신 그날의 지정 본문으로 설교할까 생각해 봤다. 하지만 요한복음 20장의 부활 기사를 다시 읽어 보니 죽음과 부활에 대한 내 설교에 막달라 마리아가 도움이 될 게 분명했다. 이전에 수없이 자주 그랬듯이 말이다.

내 주교였던 앨런 비욘버그에 따르면 요가나 매일의 기도나 자발적 빈곤의 삶도 다 나름대로 아름답지만, 가장 위대한 영성 수련은 그런 게 아니라 참석 자체다. 막달라 마리아는 참석의 수호성인이다. 내게 참석이란 실제로 일이 벌어지는 현장에 몸으로 나가 있다는 뜻이다. 부활하신 예수님을 만났을 때 막달라 마리아는 어떻게 말하거나 행동하거나 심지어 생각해야 할지 몰랐을 것이다. 하지만 중요한 것은 그게 아니라 그녀가 현장에 나가 있다가 그분께 주목했다는 사실이다.

7년 전 내 팔뚝에 막달라 마리아 문신을 새겼다. 여자로서는 드물게 내가 복음의 설교자로 부름받았음을 깨닫고 나서였다. 그 뒤로 이 문신을 볼 때마다 나도 현장에 나간 마리아의 용기와 그녀의 목소리를 빌릴 수 있을 것 같았다. 부모님에게 내 소명을 처음 말하던 그때처럼 말이다. 상실과 슬픔의 한가운데서 사망의 패배를 맨 처음 전한 사람이 마리아다. 그래서 총기 난사 사건이 벌어진 그 금요일에 내게 마리아가 절실히 필요했다. 마리아라면 이번 극장 살육 같은 사건의 어둠과 절망도 회피하지 않고 호명할 것 같았다. 어둠에 익숙한 그녀가 아니던가.

누가복음에 보면 예수님은 막달라 마리아에게서 일곱 귀신을 쫓아내셨고, 귀신에게서 해방된 그녀는 예수님을 따르면서 자신의 소유로 그분의 사역을 후원했다. 결국 역경이 닥쳤을 때 예수님을 부인하거나 배반하지도 않고 도망가지도 않은 사람은 마리아다. 그녀는 불과 두어 명의 다른 신실한 여인과 함께 십자가 밑에 서 있었다. 예수께서 죽으신 후 아직 어두울 때 그분의 무덤에 간 사람도 마리아다. 그녀는 거기 서서 울었다. 부활하신 그리스도를 알아보지 못하다가 그분이 이름을 불러 주시자 그 소리에 돌이켰다. 흠도 많았지만 한없이 신실했던 이 여인을 예수님은 자신의 부활을 알릴 첫 증인으로 택하셨다. 가서 모든 사람에게 전하라고 그녀에게 명하셨다.

만일 성 막달라 마리아가 우리 교회의 "여자목사"라면, 그녀는 아직 어두울 때 무죄한 인명이 살상됐다는 뉴스를 회피하지 않을 것이다. 현장에 나가 이틀 전의 사건을 구속 (救贖)이라고는 눈곱만큼도 찾아볼 수 없는 극악무도한 폭력으로 정확히 호명할 것이다. 그래서 나도 그렇게 설교하기로 했다.

물론 막달라 마리아는 이런 비참한 사건을 둘러싸고 난무하는 듯한 기독교 상투어와 김빠진 낙관론을 용납하지 않을 것이다. 그런 상투어는 솔깃하지만, 귀신 들려 본 적이 없거나 귀신을 인정하지 않는 이들에게나 어울리는 사치다. 동시에 그녀는 삶이나 죽음에 아무런 의미도 없다고 말하는 허무주의도 똑같이 배격할 것이다. 그런 사상이 포스트모더니즘에 팽배해 있거니와 이 또한 사치다. 이 사치는 아직 귀신에게서 놓여나지 못한 이들의 몫이다.

마리아가 **할 만한** 행동은 현장에 나가 우리에게 이렇게 일깨우는 것이다. 폭력과 두려움 속에서도 하나님을 사랑하고 사람을 사랑하는 것은 여전히 늘 가치 있는 일이고, 마귀에게 저항하여 할렐루야를 부르는 것도 예외 없이 늘 가치 있는 일이라고 말이다. 당연히 마귀는 찬송 소리를 싫어한다.

살육이 벌어진 후의 일요일에 나는 회중 앞에 서서 설교 원고가 놓인 보면대를 잡고 이제는 약간 퇴색한 막달라 마리아 문신을 보았다. 그림 속의 그녀는 당당한 자세로 한 손을 펴 좌중을 반기면서, 다른 손 손가락을 하나 들어 "내가 전할 말이 있으니까 다들 조용히 하세요"라고 말하는 것 같다. 내가 그녀의 목소리를 빌린 것은 이번이 처음도 아니고 마지막도 아니었다.

나는 이렇게 설교했다. 이틀 전 밤 우리가 술집에서 하나님을 찬송할 때, 그것은 폭력의 승리를 전혀 믿지 않는 백성의 소리 같았다. 부활하여 우리의 이름을 부르시는 그리스도의 음성이 다른 모든 음성을 삼킨다는 것을 아는 백성의 소리 같았다. 그분의 음성은 정치적 진영 논리의 소리와 복수를 부르짖는 소리는 물론이고, 우리 자신의 두려움과 불안과 요란한 의심의 소리까지도 **모두** 삼킨다. 부활하여 우리의 이름을 부르시는 그리스도의 그윽한 음성에는 그 무엇도 상대가 안 되기 때문이다.

우리가 찬송하는 대상은 바로 부활하신 하나님이다. 그분은 우리에게 두려운 일이 없을 거라고 말씀하신 게 아니라 결코 우리를 혼자 두지 않겠다고 하셨다. 그분이 친히 현장에 계시기 때문이다. 폭력의 십자가, 동트기 전의 어두운 동산, 동산지기, 극장, 술집 지하실 안에 그분이 계신다.

그런데 설교 도중에 나 자신도 깜짝 놀랄 일이 벌어졌다. 성금요일 전례에서 가져온 삼성송(三聖頌, 헬라어로 트리사기온. 거룩하다는 말이 세 번 반복된다는 뜻이다─옮긴이) 즉 "거룩하신 하나님, 거룩하고 전능하신 이여, 거룩하고 영원하신 이여, 우리를 불쌍히 여기소서"를 내가 이번에는 말로 하지 않고 노래로 부른 것이다. "거룩하신 하나님"으로 시작할 때는 목소리가 좀 떨렸는데, "거룩하고 전능하신 이여"부터는 이 익숙한 성금요일 영창을 여럿이 따라 하다가 "거룩하고 영원하신 이여"까지 갔을 때는 회중의 절반이 함께 불렀다. 함께 부르기를 다행이었다. "우리를 불쌍히 여기소서"에서 울컥

해서 내 목소리가 갈라졌기 때문이다. 설교 후 막간의 자유 시간에 나는 눈물을 흘렸다.

예수님의 제자는 악의 한가운데서도 노래할 수 있다. 우리가 막달라 마리아처럼 서서 울며 그분의 음성을 들을 수 있는 이유는 우리도 그녀처럼 새롭게 되어 부활을 전하기 때문이다. 예수께서 사흘째에 다시 살아나셨기에 우리는 두려워할 필요가 없다. 슬픔 속에서 하나님을 찬송할 때 우리는 막달라 마리아가 사도들에게 그랬고 내 친구 돈이 딜런 클리볼드의 장례식에서 그랬듯이, 사망이 최후 승자가 아니라고 선포하며 저항하는 것이다. 빛이 어둠에 비치니 어둠이 빛을 이기지 못하고 이길 일도 없고 이겨서도 안 된다고 또 한 번 고백하며 저항하는 것이다. 이렇게 우리는 무덤으로 가면서도 할렐루야를 불러 악을 물리친다. 할렐루야, 할렐루야.

잠시 후 교인들에게 성찬식 빵을 나눠 줄 때 나는 일일이 눈을 보며 말했다. "하나님의 자녀인 그대를 위해 찢기신 그리스도의 몸입니다."

예배 후 교회 문간에 섰다. 매주 전례가 끝나면 나는 거기에 자리를 잡는다. 떠나는 교인들을 붙잡기 위해서다. 그런데 한 방문객이 내 손을 잡더니 손목을 돌렸다.

"이게 그 막달라 마리아예요?" 그녀는 내 오른팔 손목부터 팔꿈치까지를 덮고 있는 문신을 뜯어보고 만져 보며 물었다.

"그렇죠." 모르는 사람이 손대서 불쾌했지만 나는 애써 그런 기색을 감추고 말했다.

"왜 하필 마리아인가요?" 그녀의 질문에 약간 못마땅하다는 말투가 묻어났다(그냥 내 상상일 수도 있다).

"내게 이런 일을 할 권한이 있다는 것을 떠올릴 수 있으니까요." 나는 몸짓으로 내 사람들을 가리켜 보였다. 그들은 우르르 모여 밀치락달치락하며 웃고, 성찬식에서 남은 빵과 포도주를 마저 먹고, 갓난아기를 돌아가며 안아 보고 있었다. 의자를 쌓는 이들이 있는가 하면 그들을 약간 못마땅해 하는 이들도 있었다. 다들 우르르 모여 웃으며 아기를 안아 보고 있는데 그들이 벌써 일을 시작했기 때문이다.

유난히 힙한 부부 존과 마리아가 서로 손잡고 있는 게 보였다. 그들은 우리 교회에서 만나 내 주례로 결혼한 지 1년이 됐으며, 지금 너도나도 안아 보려는 갓난아기가 바로 그들의 아기였다. 장신의 괴짜 엔지니어 애런도 보였다. 그는 우리 교회의 선창자 제이미와 함께 웃고 있었다. 의자를 치우며 좌중을 웃기는 릭 스트랜드로프도 보였다. 루터교 주교의 딸로서 키가 180센티미터도 넘는 빨간 머리 크리스타가 드래그 퀸 스튜어트를 포옹하는 것도 보였다. 문득 이런 생각이 들었다. 나 자신이 공동체의 일원이 되고 싶어 내 거실에서 교회를 시작하지 않았다면, 이들 중 누구도 서로를 몰랐을 것이다.

그 전날 나는 성찬식에 쓸 빵을 구웠다. 당밀을 넣을 때가 늘 제일 좋다. 당밀을 넣으면 반죽이 캐러멜처럼 갈색으로 변한다. 당밀의 끈적끈적한 성질이 반죽에 섞여 중화되는 것도 지켜봤다. 20분 후에 두 아이와 나는 여분의 빵 덩이를 조금씩 뜯어 버터를 듬뿍 바른 뒤 버터가 다 녹기 전에 입에 쏙 넣었다. 쫀득쫀득하면서 포만감을 주는 게 예전에 훔볼트 하우스에서 구워 본 빵이 모래를 씹듯이 푸석푸석했던 것과는 전혀 달랐다. 그동안 많은 것이 변했지만 특히 내 빵 굽는 솜씨도 빼놓을 수 없다.

이것이 나의 영적 공동체다. 지저분하고 아름다운 사람들이 있는 그대로의 모습으로 한 이야기와 한 식탁을 중심으로 모여 진리를 나누고 당밀을 넣은 빵을 나눈다. 나는 바로 이 일로 부름받았다.

언젠가 한 신학생이 내 목회 생활이 어떤지 보고 싶다며 이틀 동안 나를 따라다니게 해 달라고 부탁했다. 그가 내린 결론은 이랬다. "세상에, 목사님이 곧 목회고 목회가 곧 목사님이네요." 그럴 수밖에 없다. 나는 아침마다 이 작은 괴짜 교회를 생각하며 이렇게 기도하는 사람이다. "오 하나님, 이토록 아름다운 것을 제가 망치지 않게 도와주세요."

교회 문간의 그 방문객은 이제 무덤에서 살아난 나사로 문신을 거쳐 내 왼쪽 팔에 새긴 교회력의 각종 절기 그림으로 넘어갔다. 한순간 나는 거의 7년 전 갓 새긴 막달라 마리아 문신을 긁지 않으려 애쓰며, 본가 거실에서 불안한 심정으로 부모님에게 루터교 목사가 될 거라고 말하던 때로 돌아갔다.

이제는 생동감이 덜한 마리아 문신을 나도 모르게 다시 긁었더니 방문객이 아직도 가렵냐고 물었다.

"음, 영적으로만요." 무슨 뜻인지도 모르면서 그렇게 답했다. 더 긁는 동안 내 머릿속에 할렐루야가 울려 퍼졌다.

후기

×

2020년 가을[*]

"그만해, 나디아." 자신을 다그치며 한번 더 머리를 비우려 하지만 소용없다.

나는 명상에는 젬병이다. 명상이 **필요한** 줄은 알겠는데 매번 자기혐오 훈련처럼 느껴진다. 시종 내가 명상을 얼마나 못하는지만 생각하고 있으니 말이다. 도무지 영적 생산성이 없어 보인다. 요가 수업에서 다들 말없이 매트에 가만히 누워 있는 마지막 몇 분도 내게는 불안하게 느껴질 수 있다.

어느 명상 전문가가 하던 말이 생각난다. 잡념이 들거든 그것을 강물 위에 살랑살랑 떠가는 장난감 배처럼 보라.

---

[*] 이 글을 쓰는 현재 『여자목사』 초판이 간행된 지 7년이 지났다. 책의 일부 정보와 용어가 지금은 바뀌었을 수 있으나 그대로 두기로 했다.

보긴 보되 그냥 흘러가게 두라.

하지만 이 순간 후회의 작은 배 몇 척이 고인 물에 걸려 있다. 배가 다시 흘러갈 만큼 물이 불어나려면 시간이 걸릴 것이다. 그래서 나는 포기하고 눈을 뜬다.

시야에 가득 들어오는 콜로라도의 하늘을 가리는 것은 오직 나뭇가지뿐이다. 나는 침묵 피정에 와서 온종일 나무 밑에 홀로 앉아 있다. 친구들은 나를 "실내형"이라 부른다. 여럿이 외식하러 갔을 때 웨이터가 실내와 실외 중 어디에 앉겠느냐고 물으면 나는 그를 노려보아 질문을 거두게 만든다. **안**에 자리가 있는데 왜 밖에 앉는단 말인가? 그런 내가 이렇게 콜로라도의 산속에 와 있다. 잡념, 나무 한 그루, 폴 뉴먼의 눈동자만큼이나 파란 하늘 외에는 달랑 나뿐이다. 어제부터 금식 중이다. 안수 받은 지 꽤 됐으니 이제 나도 초월의 화신인 선사처럼 됐다고 말할 수 있다면 얼마나 좋을까? 힘들더라도 좋은 자세로 삶에 임하는 게 몸에 뱄고, 말할 때는 신경 안정제를 먹은 사람처럼 늘 반쯤 속삭인다면 말이다. 하지만 아니다. 결국 나는 여전히 나다.

그래도 종종 이런 시간을 마련한다. 모든 것을 뒤로 물리고 기도의 자리를 내고 싶어서다. 떠나보낼 수 있는 것도 있고 그럴 수 없는 것도 있음을 알기 때문일 것이다. 1년 전에 친구 레이첼 헬드 에반스가 죽었고,* 2년 전에 내가 모든 죄인과 성인의 집 목회를 그만두었고,** 4년 전에 우리 부부 사이는 법적으로 끝났다.

내 자존심이 가지고 놀기 좋아하는 모든 것을 등지고 이틀간 산에 올라왔는데, 결과는 바라던 것만큼 평온하지 못하다. 하늘을 갈라놓는 나뭇가지는 나무의 핏줄 같고, 이름 모를 새 한 마리가 자꾸 돌아와 재잘거린다. 고도가 높은데도 바람 한 점 없이 푹한 날씨다.

이렇게 탁 트인 공간에서 지금 나는 뭘 하는 걸까? 쉬는 걸까? 세상에 빛과 사랑을 내보내는 걸까? 아니다. 도시와 모든 사람과 안락한 삶을 두고 떠나오니, 그 자리에 내 많은 후회가 마치 고인 물의 장난감 배처럼 떠서 맴돌고 있다.

끝나 버린 모든 우정은 내 탓이다. 내가 교회에서 그 한 가지에 대해 더 정직했다면 이후의 사태를 막을 수 있었을 것이다. 나는 늘 결국 일을 망친다. 왜 그 한 사람에게 더 관심을 기울이지 못했던가? 더 참을 수도 있었고, 두 아이와 더 많은 시간을 함께 보낼 수도 있었고, 일하는 시간을 줄일 수도 있었고, 필요할 때 도움을 청할 수도 있었다. 더 좋은 친구, 더 좋은 엄마, 더 좋은 목사가 될 수도 있었다. 내가 더 잘했어야 했다.

자책은 끝이 없다.

---

* 내 친구이자 공모자인 작가 레이첼 헬드 에반스는 37세에 돌연 세상을 떠났다.

** 거기서 목회한 지 11년 만에 나는 사랑이 많고 유능한 다른 사람들에게 교회를 맡겼다. 다른 이유는 없고 그냥 때가 되었다고 느껴졌다. 너무 오래 남아 "설립자 신드롬"으로 교회를 힘들게 하고 싶지 않았다.

정서적 썰물이 늘 아주 나쁜 것만은 아니다. 기력이 빠져나가 정체된 그 시간에 오히려 신기한 복원력이 모습을 드러낼 수도 있다. 의외로 풍파에 맞서 삶을 잘 헤쳐 나갈 수도 있다. 하지만 지금은 아니다. 이것은 자신을 정죄하는 장난감 배의 경주일 뿐이다.

그 후에 벌어진 일을 말하려니 내심 불안하다. 어떻게 들릴지 알기 때문이다.

한 문장이 내게 다가왔다. 감히 하나님에게서 왔다고 말해도 될까? 그냥 내가 생각해 낸 비상 제동 장치일지도 모른다. 하지만 나 자신의 말 같지는 않았다. 내 머릿속에서 나오는 소리는 대개 "그만 좀 징징거려"에 훨씬 가까운데, 그날 산에서 들려온 소리는 그와 달랐다.

"그 모든 걸 네가 이미 용서받았다면 어떨까?" 이 한 문장이었다.

그 말끝에 터진 눈물이 안도의 눈물이었다고는 말할 수 없다. 어느 정도는 그럴지도 모르겠다. 하지만 겸손의 눈물이기도 했다. 겸손이란 단어에 가장 가깝다. 그것이 면책의 메시지가 아니라 기록 자체를 말소한다는 메시지였기 때문이다.

우선 안도감이 든 이유는 그 말이 이렇게 들렸기 때문이다. 내가 자책하는 내용이 사실이 아닌 건 아니지만 **가장 중요한** 사실은 아니라고 말이다. 가장 중요한 사실은 은혜다. 그런데 은혜는 늘 우리의 인과응보 개념에 딴죽을 건다.

요나가 생각남과 동시에, 아직 다 울지 않았는데도 웃음이 난다.

언젠가 밤 1시에 허접한 기독교 텔레비전 방송을 보고 있는데 성경 퀴즈 프로그램이 나왔다. 내가 정답을 맞힐 때마다 우쭐해졌다. 다 맞혔는데 한 문제에서 완전히 막혔다. 잘생긴 젊은 진행자가 파란색 색인 카드에서 읽은 문제는 "요나 이야기는 성경의 어느 책에 나올까요?"였다. 죽어도 생각나지 않았다.

답은 요나다. 요나 이야기는 요나서에 나온다. 그걸 모르다니.

요나 이야기에서 아이들 방의 벽지에 등장하는 그림은 요나가 물고기에 삼켜지는 부분이지만, 침묵 피정 중에 울다가 웃는 내게 떠오른 장면은 요나가 홀로 산에 앉아 하나님의 용서에 이의를 제기하는 부분이다. 하나님은 이 불평꾼 선지자를 적국에 보내, 회개하지 **않으면** 심판이 임하리라고 경고하게 하셨다. 그런데 즉시 하나님의 명을 받들어 자신이 증오하던 민족에게 말씀을 외쳐야 할 그가 달아나 버렸다(그러다 물고기에 삼켜진다). 결국 그는 마지못해 순종하고, 그 결과 적국은 그의 메시지를 듣고 악독한 행실에서 돌이킨다. 회개하는 원수에게 하나님이 자비를 베푸시자 요나는 발끈하여 따진다. "이래서 내가 애초에 이 바보 같은 짓이 싫었던 겁니다. 주께서 은혜로우시며 자비로우시며 노하기를 더디 하시며 인애가 크신 줄을 알았으니까요."

그런 하나님을 우리 맘대로 조종하기는 힘들다.

그래서 요나는 홀로 성읍 바깥의 산으로 침묵 피정을 가서, 하나님이 이러시는 건 도저히 말이 안 된다며 삐친다. 요나의 원수가 그토록 악한데도 용서받았으니 공정하지 못하다는 것이다.

× × ×

내 친구 새라는 샌프란시스코에서 무료 식품 배급소를 운영하는데, 자원봉사자들에게서 자주 받는 선의의 질문이 있다. 신분증을 제시하지 않거나 구호품을 받을 자격을 증명하지 않는 이들에게 식품을 얼마나 무료로 주어야 하느냐는 것이다. "그들이 이걸 악용하면 어쩌죠?" 이런 질문에 새라는 늘 똑같이 답한다. "어차피 공짜로 주는 건데 도대체 어떻게 악용할 수 있다는 거죠?"

하나님의 은혜와 자비는 상벌 체제를 통째로 창밖에 내다 버린다. 그래서 때로 나는 "안 돼요"라고 외치며 재빨리 손을 뻗어 그것을 도로 들여놓고 싶다. 스스로 용서받을 "자격"이 없다고 느껴질 때는 용서에 거부감이 들 수 있다. 잘못하고도 대충 빠져나가는 것 같아서 말이다.

"그 모든 걸 네가 이미 용서받았다면 어떨까?" 이 문장이 물처럼 흘러 수위가 높아진 덕분에 내 후회의 작은 배들이 떠내려갈 수 있었다. 하지만 그전에 나는 손을 뻗어 배를 도로 가져오려 했다. 마치 잘못을 자책이라도 해야 착한 사람이 된다는 듯이 말이다. 사실은 그렇지 않다.

사랑하는 이들에게 이래저래 상처를 입힌 우리가 이미 용서받았다면 어떨까? 완벽한 부모가 되지 못한 것도 이미 용서받았다면 어떨까? 아직 저지르지 않은 허튼짓까지도 다 이미 용서받았다면 어떨까?

여전히 나는 작은 장난감 배를 고인 물에 도로 가져다 놓고 배가 빙빙 도는 것을 바라보곤 한다. 죄책감을 그렇게 덜어 보려는 것이다. 그래서 어쩌면 자신을 용서하는 일도 침묵 피정에서 한 번으로 끝나는 게 아니라 매일의 선택이라는 생각이 든다. 오늘 우리에게 일용할 용서를 주소서. 우리도 자신을 용서하게 하소서.

마르틴 루터는 말하기를 우리의 쓰레기통을 뒤져 이미 용서된 죄를 찾는 쪽은 하나님이 아니라 마귀라고 했다. 마귀는 그것을 자꾸 들먹이며 말한다. "이게 **진짜** 너거든."

× × ×

혼자 산에서 울다가 웃은 지 두 주 만에 나는 모든 죄인과 성인의 집에 간다. 팬데믹이 시작된 후로 첫 대면 예배다. 교회 밖 잔디밭에 약 45명이 각자 멀찍이 떨어져 앉아 있다.

기분이 아주 이상하다. 평안을 비는 인사를 나누지도 못하고, 다른 교인의 아기를 안을 수도 없고, 노래할 때 화음을 넣을 만큼 서로 붙어 선 사람도 없으니 말이다.

그래도 JP가 보인다. 2007년 내가 이 교회를 구상할 때부터 전체 여덟 명 중 하나였던 그는 새 여자친구와 함께 있다. 릭 스트랜드로프도 아주 건강해 보인다. 차림새로 보아 취직한 게 분명한 그는 마스크를 쓰고도 여전히 큰 소리로 웃는다. 광고 시간에 들으니 다음 주 설교자는 레슬리 오캘러핸이다.

레슬리는 13장에 소개한 애셔와 결혼했다. 몇 년 전 애셔가 목사 안수를 받을 때처럼 둘의 결혼식에 나도 기쁘게 참석했다.

동료 예배자의 얼굴도 보지 못하고 목소리도 듣지 못한 채 시끄러운 바깥 도로변에서 사회적 거리 두기를 하다 보니 영 교회 기분이 나지 않는다. 그래도 고해와 면죄 시간에 우리는 저마다 사실대로 자백했다. 우리가 너무도 부족한 존재이고, 그런데도 하나님도 필요 없고 서로도 필요 없는 것처럼 살아가려 하며, 하나님의 사랑받는 자녀답게 행동하지 못할 때가 많다고 말이다.

모든 죄인과 성인의 집은 건재하다. 다분히 내 부족한 모습에도 불구하고 그런 거지만, 나도 하나님처럼 나 자신을 온유하게 평가한다면, 어쩌면 조금은 내 덕이기도 하다.

게이 성공회 사제인 레이건 목사는 내가 그만두기 전 몇 년 동안 동역한 아주 똑똑하고 친절하고 재미있는 사람이며, 이 교회를 맡기기에 안성맞춤인 적임자다. 마침내 그가 가장 중요한 진리를 선포한다.

"은혜로우시며 자비로우시며 노하기를 더디 하시며 인

애가 크신 하나님이 여러분을 있는 그대로의 모습으로 사랑하십니다. 이제 그리스도의 권세로 말미암아 그분의 교회에 사역자로 부름받고 안수 받은 내가 여러분의 모든 죄가 완전히 사해졌음을 성부와 성자와 성령의 이름으로 선포합니다. 아멘."

요가 수업에서는 아무도 이런 말을 해 주지 않는다. 내게 그것이 필요한데도 말이다.

지금도 필요하다.

아멘.

여러분의 목사가 되게 해 주고 여러분의 이야기를 나누도록 허락해 준 모든 죄인과 성인의 집의 아름답고 망가진 사람들에게 감사드립니다. 영광이자 특권이었습니다. 여러분을 보면 나도 그리스도인답게 살고 싶어지며, 이것이 내게는 큰 의미가 있습니다.

여자목사

초판 1쇄 인쇄 2025년 12월 4일
초판 1쇄 발행 2025년 12월 15일

지은이   나디아 볼즈웨버
옮긴이   윤종석
펴낸이   박명준

편집   박명준   펴낸곳 바람이 불어오는 곳
디자인   김진성   출판등록 2013년 4월 1일 제2013-000024호
제작   공간   주소 03041 서울 종로구 자하문로 5, 5층
                          전자우편 bombaram.book@gmail.com
                          문의전화 010-6353-9330   팩스 050-4323-9330

ISBN 979-11-91887-36-5 03230

바람이불어오는곳 은
삶의 여정을 담은 즐거운 책을 만듭니다.

🅵 🅞 bombaram.book